APOCALIPSIS DE PANTALLA AZUL

Impacto de las Fallas Informáticas en la Sociedad Moderna

Cedric Yumba K

CONTENIDO

INTRODUCCIÓN

En nuestra sociedad contemporánea, los sistemas informáticos se han convertido en el pilar central alrededor del cual se organiza una multitud de actividades humanas. Dirigen las comunicaciones, gestionan las transacciones financieras, controlan las infraestructuras esenciales y facilitan el trabajo y el entretenimiento. Sin embargo, esta interdependencia tecnológica también ha generado una vulnerabilidad sin precedentes. Cuando un sistema informático falla, las repercusiones pueden ser colosales, afectando a millones de personas y causando perturbaciones significativas a escala mundial.

Este libro, " Apocalipsis de Pantalla Azul: Impacto de las Fallas Informáticas en la Sociedad Moderna", se propone examinar de cerca estos momentos de falla, esos instantes en que nuestros sistemas fallan y la sociedad siente las sacudidas. Incidentes memorables, como el ataque viral WannaCry en 2017 y la catastrófica caída de Amazon Web Services el mismo año, ilustran cuán una simple brecha en la armadura tecnológica puede sembrar el caos.

A través de estudios de caso detallados, exploraremos no solo las características y las causas de estas fallas, sino también sus impactos socioeconómicos y las lecciones cruciales que se pueden extraer. Nos adentraremos en cómo estos incidentes han afectado a las empresas, los servicios públicos y los individuos, mientras aportamos perspectivas sobre las estrategias de prevención y adaptación implementadas para evitar tales escenarios en el futuro.

El objetivo de esta obra es doble. Por un lado, pretende sensibilizar a un público amplio sobre los riesgos inherentes a las infraestructuras tecnológicas en las que se basa nuestro mundo moderno. Por otro lado, busca proporcionar conocimientos prácticos sobre las mejores prácticas y las innovaciones que pueden reforzar la resiliencia de estos sistemas frente a las inevitables fallas.

Juntos, vamos a desmenuzar estos fracasos informáticos para comprender sus mecanismos, sus consecuencias y las medidas correctivas, con la esperanza de construir un futuro en el que la "Pantalla Azul" no sea sinónimo de apocalipsis, sino más bien de un simple incidente controlado.

CAPÍTULO 1: INTRODUCCIÓN A LAS FALLAS INFORMÁTICAS

El ascenso de la tecnología en nuestra vida diaria ha revolucionado la manera en que vivimos, trabajamos y nos comunicamos. Sin embargo, esta creciente dependencia de los sistemas informáticos también expone a nuestra sociedad a riesgos significativos en caso de fallas. Este primer capítulo establece las bases de nuestra exploración de las fallas informáticas, destacando su potencialmente devastador impacto y la necesidad de estrategias robustas para prevenirlas y gestionarlas.

1.1 La importancia de los sistemas informáticos en el mundo moderno

La era digital ha transformado nuestra vida diaria de manera profunda e irreversible. Los sistemas informáticos están ahora integrados en las mismas bases de la civilización moderna, actuando como catalizadores para la innovación, la eficiencia y la conectividad a escala mundial. Su importancia se manifiesta en casi todos los aspectos de la vida contemporánea, desde las transacciones comerciales hasta la comunicación personal, pasando por la gestión de infraestructuras críticas.

Tomemos como ejemplo el sector de la salud. Los sistemas informáticos son esenciales para el almacenamiento y la gestión de los registros médicos electrónicos, mejorando así el acceso y la precisión de la información médica crítica. Las tecnologías como la telemedicina y los dispositivos médicos conectados también permiten ofrecer atención médica a distancia, reduciendo la barrera geográfica para los pacientes. Además, el análisis de datos a gran escala ayuda a predecir epidemias y a personalizar tratamientos, aumentando así la eficacia de las intervenciones médicas.

En el ámbito financiero, los sistemas informáticos agilizan las transacciones y las operaciones bancarias. Las bolsas mundiales se apoyan en algoritmos sofisticados para procesar miles de transacciones por segundo, garantizando la fluidez y la eficiencia de los mercados. Los servicios bancarios en línea ofrecen una comodidad sin precedentes, permitiendo a los usuarios gestionar sus finanzas desde cualquier lugar. Esta infraestructura financiera se basa en una red compleja e interconectada de bases de datos, servidores y protocolos de seguridad.

Las infraestructuras críticas, como las redes eléctricas y los sistemas de transporte, también dependen en gran medida de los sistemas informáticos. Las redes eléctricas inteligentes utilizan sensores y software para optimizar la distribución de la energía, prevenir fallas e integrar fuentes de energía renovable. Los sistemas de gestión del tráfico aéreo y ferroviario se apoyan en cálculos en tiempo real para coordinar los horarios y garantizar la seguridad de los desplazamientos. Incluso los sistemas de suministro de agua y tratamiento de residuos se benefician de los avances tecnológicos para mejorar su eficiencia y resiliencia.

Las empresas modernas utilizan los sistemas informáticos para aumentar su productividad y competitividad. Los software de gestión de la cadena de suministro, por ejemplo, permiten una coordinación precisa de las operaciones logísticas, reduciendo los plazos y los costos. Las plataformas de comunicación y colaboración facilitan el teletrabajo y la colaboración a escala mundial, más indispensables que nunca en tiempos de crisis, como la provocada por la pandemia de COVID-19. El auge del comercio electrónico también se basa en infraestructuras informáticas robustas que permiten la gestión de transacciones, inventarios y entregas, transformando así los hábitos de consumo.

La comunicación personal y las redes sociales son otro ámbito donde los sistemas informáticos juegan un papel central. Permiten a las personas mantenerse conectadas con sus seres queridos, compartir información instantáneamente y crear comunidades virtuales en torno a intereses comunes. Las plataformas de redes sociales, como Facebook, Twitter e Instagram, influyen no solo en la forma en que nos comunicamos, sino también en cómo se difunde la información en todo el mundo.

La educación y la investigación también han sido revolucionadas por la informática. Las plataformas de aprendizaje en línea y los recursos educativos accesibles a través de internet han democratizado el acceso al conocimiento, ofreciendo oportunidades de aprendizaje sin precedentes. Las herramientas de simulación y modelado informático permiten a los investigadores llevar a cabo experimentos complejos, procesar vastos conjuntos de datos y desarrollar nuevas tecnologías más rápido que nunca antes.

La importancia de los sistemas informáticos no puede ser subestimada. Son el motor de nuestro progreso económico, social y tecnológico, conectando los diferentes componentes de nuestra sociedad moderna en una red de interdependencias complejas. Pero esta mayor dependencia conlleva sus propios desafíos y riesgos. Una comprensión clara de estos sistemas y de su importancia nos prepara mejor para enfrentar las inevitables perturbaciones que pueden causar.

1.2 Las fallas técnicas

Las fallas técnicas representan una de las principales causas de fallas en los sistemas informáticos. Estas fallas pueden resultar de diversas fuentes, incluyendo errores de software, fallos de hardware e interrupciones de red. Cada tipo de falla técnica presenta desafíos únicos y puede tener consecuencias variadas según el contexto en el que ocurra.

Los errores de software son comunes y pueden variar desde simples fallos hasta defectos críticos en el código. Un ejemplo notable es la falla de la aplicación Google Maps en 2016, que dejó a millones de usuarios sin acceso a sus servicios de navegación durante varias horas. Un pequeño error en el código puede propagarse rápidamente y afectar sistemas interconectados de manera impredecible, causando disfunciones a gran escala. Durante el incidente de AWS en 2017, una simple orden incorrecta durante un procedimiento de mantenimiento rutinario provocó la indisponibilidad de muchos servicios en línea durante horas, causando perturbaciones considerables para varias empresas.

Las fallas de hardware constituyen otra fuente mayor de fallas técnicas. Los componentes físicos de los sistemas informáticos, como los servidores, discos duros y enrutadores, están sujetos al desgaste y pueden fallar de manera inesperada. Un ejemplo emblemático de falla de hardware es la masiva caída de Microsoft Azure en 2013, debido a una falla en los sistemas de refrigeración en un centro de datos, provocando el sobrecalentamiento de los servidores y la interrupción de los servicios para miles de usuarios. De manera similar, una falla de hardware en un centro de datos de British Airways en 2017 causó la cancelación de cientos de vuelos y grandes perturbaciones en los servicios aéreos, afectando a miles de pasajeros.

Las interrupciones de red representan otra categoría de fallas técnicas a menudo difíciles de prever y gestionar. Las redes informáticas que conectan diferentes entidades en todo el mundo son vulnerables a varios tipos de perturbaciones, incluyendo cortes de cables submarinos, problemas de configuración de enrutadores y congestiones de red. Por ejemplo, en 2008, varios cables submarinos que conectaban Europa con Asia fueron dañados casi simultáneamente, provocando una gran interrupción de las comunicaciones por internet en toda la región. Las fallas de red pueden paralizar los sistemas de comunicación, haciendo que los servicios en línea sean inaccesibles y perturbando las operaciones de las empresas.

Las fallas técnicas también pueden agravarse por el fenómeno de "cascada", donde una falla en un sistema provoca fallas sucesivas en otros sistemas interconectados. Esto fue ilustrado por la falla en la infraestructura de distribución de energía en India en 2012, que afectó a más de 620 millones de personas. Una simple falla técnica en la infraestructura eléctrica provocó una cascada de fallas en varias regiones, dejando a millones de habitantes sin electricidad durante varias horas y afectando a servicios esenciales.

La gestión y prevención de fallas técnicas requieren estrategias robustas y una vigilancia constante. La redundancia y la diversidad de los caminos de comunicación son cruciales para asegurar la resiliencia de las redes. Por ejemplo, el uso de redes de respaldo y sistemas de conmutación por error puede minimizar los impactos de las fallas permitiendo una rápida recuperación de las operaciones. Además, las prácticas de mantenimiento proactivo y las pruebas regulares de los sistemas pueden identificar y corregir las vulnerabilidades antes de que causen fallas mayores.

Las fallas técnicas son inevitables en un mundo donde la tecnología domina los aspectos fundamentales de nuestra vida diaria. La frecuencia y las consecuencias de estas fallas subrayan la necesidad de una infraestructura resiliente y de estrategias de gestión de riesgos bien elaboradas. Una comprensión profunda de los diferentes tipos de fallas técnicas y sus causas es indispensable para anticipar y mitigar sus impactos, garantizando así una continuidad óptima de los servicios cruciales para nuestra sociedad moderna.

1.3 Los errores humanos

Los errores humanos representan otra fuente mayor de fallas informáticas, a menudo más insidiosa porque no resultan de un mal funcionamiento técnico, sino de una acción u omisión por parte de una persona. Estos errores pueden tomar diversas formas, desde la mala configuración de los sistemas hasta la ejecución de comandos incorrectos, y desde la negligencia en las actualizaciones hasta la ignorancia de los protocolos de seguridad. Su impacto es a veces tan dramático como el de las fallas técnicas, pero a menudo son más difíciles de prever y prevenir.

Un ejemplo clásico de error humano que causó una gran falla es el incidente de Knight Capital en 2012. Esta empresa de trading algorítmico perdió aproximadamente 440 millones de dólares en solo 45 minutos debido a una actualización de software defectuosa. Un simple error de configuración durante la puesta en producción causó una reacción en cadena de compras y ventas erróneas, ilustrando cómo un error humano, en un entorno altamente informatizado, puede tener consecuencias desastrosas en un tiempo muy corto.

Los errores humanos también pueden ocurrir durante los procedimientos de mantenimiento regular. Por ejemplo, en 2017, un error humano provocó una gran falla del servicio Uber en Europa. Los ingenieros estaban realizando una actualización planificada cuando se ejecutó un comando incorrecto, provocando la parada de los servidores y la interrupción del servicio para millones de usuarios durante varias horas. Este tipo de error es particularmente peligroso porque a menudo ocurre durante tareas rutinarias, donde puede instalarse un sentimiento de complacencia.

Los errores humanos no se limitan a las acciones mal aconsejadas, también incluyen las omisiones. Un ejemplo relevante es el incidente de la aerolínea Delta en 2016. Una serie de fallas informáticas fue desencadenada por la omisión de seguir los procedimientos estándar de reinicio de los sistemas informáticos después de un corte de electricidad. Esta negligencia dejó los sistemas indisponibles durante largas horas, afectando a miles de vuelos y a cientos de miles de pasajeros.

Otro aspecto crucial de los errores humanos es la ignorancia o la no conformidad con los protocolos de seguridad. El célebre ataque a Target en 2013, uno de los mayores hackeos de datos de la historia, fue facilitado por la falta de vigilancia de los empleados en materia de seguridad informática. Los piratas accedieron a los sistemas de Target a través de un proveedor tercero, explotando una negligencia relacionada con la aplicación de las medidas de seguridad. Esto resultó en el robo de información de tarjetas de crédito de millones de clientes. Este incidente muestra cómo comportamientos humanos mal informados o laxos pueden abrir brechas explotables en la ciberseguridad.

La formación inadecuada de los empleados en materia de nuevas tecnologías y sistemas operativos es otra fuente de errores humanos. Cuando se introduce un nuevo sistema o procedimiento sin una formación adecuada, el riesgo de errores aumenta considerablemente. Por ejemplo, la migración a un nuevo software de gestión de pacientes en un hospital del Medio Oeste de Estados Unidos condujo a una serie de errores de programación y de alimentación de datos, ya que el personal no había sido suficientemente formado en el uso del nuevo sistema. Estos errores tuvieron consecuencias directas en la calidad de la atención brindada, ilustrando el peligro de subestimar la importancia de la formación del personal.

Los errores humanos también se ven exacerbados por entornos laborales estresantes o mal gestionados. La sobrecarga de trabajo, los plazos ajustados y la fatiga pueden hacer que los empleados sean más propensos a cometer errores. El colapso de la aplicación Robinhood en 2020, que dejó a millones de usuarios incapaces de comprar o vender acciones durante un período de volatilidad del mercado, se atribuye en parte a condiciones de trabajo bajo alta presión. Los ingenieros sobrecargados tomaron decisiones apresuradas y omitieron algunas verificaciones cruciales.

Para mitigar los riesgos asociados con los errores humanos, es esencial implementar procedimientos rigurosos, promover una cultura de vigilancia y responsabilidad, y garantizar una formación adecuada y continua de los empleados. Las empresas también deben establecer controles de calidad sólidos, auditorías regulares y planes de recuperación ante desastres bien establecidos. Así, aunque los errores humanos sean inevitables, sus repercusiones pueden minimizarse mediante estrategias de mitigación eficaces. Estas medidas permitirán proteger los sistemas críticos contra fallas evitables y mantener una resiliencia operativa frente al error humano.

1.4 Los actos malintencionados

Los actos malintencionados, perpetrados por ciberdelincuentes, hacktivistas o actores estatales, representan otra fuente mayor de fallas informáticas. Estos ataques están a menudo diseñados para causar daños, robar datos sensibles o perturbar las operaciones. Las motivaciones pueden variar desde el afán de lucro financiero hasta intenciones políticas o ideológicas, haciendo que estas amenazas sean aún más complejas y peligrosas.

Uno de los ataques malintencionados más famosos y devastadores de la historia reciente es el del ransomware WannaCry, que devastó sistemas informáticos a escala mundial en mayo de 2017. WannaCry explotaba una vulnerabilidad en los sistemas Windows, cifrando los archivos de los usuarios y exigiendo un rescate para restaurar el acceso. La red nacional de salud del Reino Unido (NHS) fue particularmente afectada, provocando la cancelación de miles de citas médicas y retrasos en la atención a los pacientes. Las consecuencias económicas y sociales fueron enormes, revelando cuán un solo acto malintencionado puede paralizar servicios esenciales.

Otro ejemplo impactante es el ataque de denegación de servicio distribuido (DDoS) contra Dyn, una empresa de gestión de dominios de internet, en octubre de 2016. Este ataque utilizó una red masiva de dispositivos infectados, como cámaras de vigilancia y enrutadores domésticos, para inundar los servidores de Dyn con tráfico, haciéndolos inaccesibles. Como resultado, muchos sitios web importantes, incluidos Twitter, Netflix y Reddit, sufrieron interrupciones significativas de servicio. Este ataque mostró cómo dispositivos aparentemente inocentes y comunes podían ser transformados en armas poderosas por atacantes malintencionados.

Las ciberataques motivados por intenciones geopolíticas constituyen una amenaza creciente. El hackeo a la empresa estadounidense de software SolarWinds, descubierto en diciembre de 2020, es un ejemplo relevante. Se sospecha que atacantes trabajando para un estado-nación comprometieron la cadena de suministro de SolarWinds, añadiendo un código malicioso a sus actualizaciones de software. Este malware infectó a aproximadamente 18,000 clientes de SolarWinds, incluyendo agencias gubernamentales estadounidenses, empresas de tecnología e infraestructuras críticas, permitiendo a los atacantes espiar y extraer datos sensibles durante meses antes de ser detectados.

Los ataques dirigidos a infraestructuras críticas son particularmente preocupantes. En diciembre de 2015, un ciberataque sofisticado apuntó a la red eléctrica ucraniana, apagando la electricidad de cientos de miles de hogares durante varias horas. Los atacantes utilizaron software malicioso para tomar el control de los sistemas de distribución eléctrica, interrumpiendo deliberadamente los servicios. Este incidente demuestra cómo actores malintencionados pueden apuntar a infraestructuras vitales para desestabilizar regiones enteras.

Las amenazas internas representan otra dimensión de los actos malintencionados. Empleados o contratistas con acceso privilegiado a los sistemas pueden, por diversas razones, elegir cometer actos maliciosos. El ejemplo de Edward Snowden, un ex empleado de la NSA que filtró documentos clasificados, subraya los riesgos planteados por los insiders. Aunque sus motivaciones fueron éticas y políticas, sus acciones expusieron vulnerabilidades y operaciones sensibles, comprometiendo la seguridad nacional e internacional.

Los ataques dirigidos a robar o comprometer datos sensibles también son frecuentes. El hackeo a Equifax en 2017, donde los ciberdelincuentes accedieron a la información personal de más de 147 millones de personas, ilustra este tipo de amenaza. Los datos robados incluían números de seguridad social, direcciones e información financiera, creando un riesgo significativo de fraude y robo de identidad para las víctimas. Esta brecha puso de manifiesto la necesidad de que las empresas protejan rigurosamente los datos sensibles de sus clientes.

Finalmente, el phishing y los ataques de ingeniería social continúan siendo métodos efectivos para penetrar los sistemas informáticos. Los atacantes explotan la confianza y la credulidad de los individuos para obtener sus credenciales de acceso o instalar software malicioso. Una famosa campaña de phishing en 2016 apuntó a los miembros del Comité Nacional Demócrata de Estados Unidos, comprometiendo correos electrónicos e información interna. Estos ataques explotan la vulnerabilidad humana para abrir una brecha en las defensas técnicas.

Los actos malintencionados, ya sean motivados por razones financieras, políticas o ideológicas, pueden causar daños enormes a los sistemas informáticos y a la sociedad en general. La sofisticación y la determinación de los ciberatacantes requieren defensas robustas y una vigilancia constante. Una mejor comprensión de las diversas formas de ciberamenazas y de las medidas de protección adecuadas puede ayudar a reducir los riesgos y fortalecer la resiliencia de los sistemas frente a estos peligros.

CAPÍTULO 2: ESTUDIO DE CASO: EL ATAQUE WANNACRY

Después de sentar las bases sobre la amenaza que representan las fallas informáticas, ahora nos sumergiremos en uno de los incidentes más destacados de los últimos años: el ataque WannaCry. Este estudio de caso ilustrará concretamente cómo una brecha de seguridad puede transformarse en una crisis mundial, afectando infraestructuras críticas y perturbando servicios esenciales.

2.1 Cronología y descripción del incidente

El 12 de mayo de 2017, una ola de ciberataques sin precedentes comenzó a extenderse a nivel mundial en forma de un ransomware llamado WannaCry. Este ataque fue posible gracias a la explotación de una vulnerabilidad presente en los sistemas operativos Microsoft Windows, conocida como EternalBlue. Esta vulnerabilidad había sido descubierta, pero no divulgada, por la Agencia de Seguridad Nacional (NSA) de Estados Unidos, y fue hecha pública por un grupo de hackers conocido como Shadow Brokers en abril de 2017.

La primera fase del ataque se desarrolló en un solo día. Se caracterizó por una rápida y generalizada difusión del ransomware, afectando a organizaciones y particulares en más de 150 países en pocas horas. El ataque generalmente comenzaba con la infección de una computadora a través de la descarga de software malicioso o mediante la explotación directa de la vulnerabilidad del sistema.

Una vez que una computadora era infectada, el software malicioso WannaCry cifraba los archivos del usuario, haciendo que todo el sistema fuera inutilizable. Luego aparecía un mensaje en la pantalla, exigiendo un rescate en bitcoins para desbloquear los archivos. La suma inicialmente solicitada era de 300 dólares en bitcoins, pero aumentaba si el rescate no se pagaba dentro de un plazo determinado. El mensaje también amenazaba con destruir los archivos si la demanda de rescate no se satisfacía después de un cierto tiempo.

El ataque apuntó a una multitud de sectores, pero algunos de los impactos más notables se observaron en el campo de la salud, en particular dentro del Servicio Nacional de Salud (NHS) del Reino Unido. El NHS sufrió importantes perturbaciones, con decenas de hospitales y clínicas incapaces de acceder a los registros médicos electrónicos y proporcionar atención esencial. Los servicios de ambulancia se vieron interrumpidos, las citas médicas fueron pospuestas y las operaciones quirúrgicas canceladas. Esta parálisis destacó la dependencia crítica de los sistemas de salud modernos respecto a sus infraestructuras informáticas.

La propagación de WannaCry se facilitó por la capacidad del malware de replicarse a sí mismo explotando la vulnerabilidad EternalBlue. Esto generó un efecto en cadena, donde cada computadora infectada podía contaminar otras máquinas dentro de la misma red. Las redes empresariales y las infraestructuras públicas, típicamente interconectadas y a menudo mal segmentadas, permitieron que WannaCry se propagara rápidamente y de manera eficaz.

La reacción al ataque fue rápida, pero puso de relieve importantes deficiencias en materia de ciberseguridad. Poco después del inicio del ataque, un investigador de seguridad británico conocido bajo el pseudónimo de MalwareTech descubrió accidentalmente una forma de activar un "interruptor de apagado" que detenía la propagación de WannaCry. Al registrar un nombre de dominio integrado en el código del malware, MalwareTech permitió desactivar temporalmente la capacidad del ransomware para replicarse. Esta acción evitó que millones de computadoras adicionales fueran afectadas, aunque no ayudó a los sistemas ya infectados.

En resumen, el 12 de mayo de 2017 quedará marcado como el día en que WannaCry sembró el caos en todo el mundo, aprovechando una brecha de seguridad crítica para infiltrarse en redes vulnerables. La velocidad y la magnitud de su propagación sorprendieron a muchos expertos en seguridad y destacaron los desafíos globales relacionados con la protección de infraestructuras críticas contra las ciberamenazas.

2.2 Mecanismos de propagación

La efectividad devastadora de WannaCry se basa en varios mecanismos de propagación sofisticados que permitieron al ransomware difundirse rápidamente a través de los sistemas informáticos de todo el mundo. Comprender estos mecanismos es esencial para captar la magnitud del ataque y las vulnerabilidades explotadas por los ciberdelincuentes.

El punto de partida de la propagación de WannaCry fue la explotación de la vulnerabilidad EternalBlue en los sistemas operativos Windows. Esta vulnerabilidad particular permitía a los atacantes ejecutar código malicioso de forma remota en máquinas no parcheadas, es decir, computadoras que no habían instalado la actualización de seguridad proporcionada por Microsoft en marzo de 2017. Desafortunadamente, un gran número de sistemas no habían aplicado este parche, dejando una vasta superficie de ataque accesible para los ciberdelincuentes.

WannaCry se propagaba utilizando un método de "worm" o gusano informático, que le permitía replicarse sin intervención humana. Una vez que una computadora era infectada, el malware escaneaba automáticamente la red local en busca de otras máquinas vulnerables. Luego utilizaba la misma vulnerabilidad EternalBlue para infiltrarse en estos nuevos objetivos y continuar su expansión. Este mecanismo de propagación autónoma es una de las razones por las que WannaCry logró infectar tantos sistemas en tan poco tiempo.

Además de la vulnerabilidad EternalBlue, WannaCry también incorporaba un componente llamado DoublePulsar, un exploit de puerta trasera también divulgado por el grupo Shadow Brokers. DoublePulsar permitía instalar componentes maliciosos adicionales en los sistemas infectados y ejercer un control más preciso sobre las máquinas objetivo, haciendo que el ataque fuera aún más difícil de erradicar.

WannaCry también explotaba los recursos compartidos de

archivos en red al acceder a recursos compartidos no seguros. Si una computadora en una red tenía carpetas compartidas accesibles sin una autenticación adecuada, el ransomware podía propagarse fácilmente utilizando estos caminos de acceso. Este método era particularmente eficaz en entornos empresariales e infraestructuras donde el uso compartido de archivos es común.

La velocidad y eficacia de la propagación de WannaCry también se vieron reforzadas por la falta de segmentación de redes en muchas organizaciones. La segmentación de red consiste en dividir una red en subredes distintas para limitar la propagación de infecciones. En entornos donde esta práctica no estaba implementada, el ransomware podía moverse lateralmente a través de la red con mucha más facilidad, afectando a un mayor número de sistemas en un tiempo récord.

Otro factor crucial de propagación fue la ingeniería social y el spear-phishing, aunque menos central en el caso de WannaCry en comparación con otros ransomware. Los vectores iniciales de infección incluían a menudo archivos adjuntos maliciosos en correos electrónicos de phishing dirigidos, que, cuando se abrían, descargaban y ejecutaban el malware en la máquina víctima. Aunque WannaCry se propagó principalmente a través de EternalBlue, las tácticas de phishing también contribuyeron a la proliferación inicial de la infección.

El impacto masivo de WannaCry muestra la importancia de mantener los sistemas actualizados con los últimos parches de seguridad. La divulgación pública del exploit EternalBlue por parte de los Shadow Brokers dio una ventaja significativa a los ciberdelincuentes, especialmente contra los sistemas no parcheados. Muchas empresas e instituciones no habían aplicado las actualizaciones necesarias a tiempo, permitiendo que el gusano se propagara sin obstáculos.

Finalmente, el interruptor de apagado accidental descubierto por MalwareTech, el "kill switch", jugó un papel paradójico. Aunque este interruptor finalmente ayudó a detener la propagación, antes de su descubrimiento y activación, WannaCry infectó de manera incontrolada redes mundiales al explotar estos mecanismos de propagación eficaces y temibles.

Comprender estos mecanismos de propagación es esencial para formular estrategias eficaces de prevención y respuesta a ataques de tipo ransomware. La combinación de vulnerabilidades no corregidas, sistemas no segmentados y recursos compartidos no seguros hizo que WannaCry fuera formidable y destacó las fallas críticas en las prácticas de ciberseguridad de muchas organizaciones.

2.3 Impacto mundial

El ataque WannaCry marcó la historia debido a su magnitud y sus repercusiones globales. En cuestión de horas, el ransomware había infectado cientos de miles de sistemas en más de 150 países, destacando la vulnerabilidad de las infraestructuras informáticas de muchas organizaciones. Los impactos de WannaCry se sintieron a varios niveles, afectando a diversos sectores de actividad y perturbando la vida cotidiana de millones de personas.

El sector de la salud fue uno de los más gravemente afectados, en particular en el Reino Unido, donde el Servicio Nacional de Salud (NHS) sufrió significativas perturbaciones. Decenas de hospitales y clínicas se vieron obligados a posponer citas, cancelar operaciones y redirigir pacientes a otros establecimientos debido a la incapacidad de acceder a los registros médicos electrónicos. El ransomware paralizó los sistemas administrativos y médicos, planteando riesgos considerables para los pacientes que necesitaban atención urgente. Esta interrupción destacó la dependencia crítica de las instituciones de salud respecto a las tecnologías informáticas y la necesidad de una mayor resiliencia frente a los ciberataques.

El sector de las telecomunicaciones también fue golpeado de lleno. Telefónica, una de las mayores empresas de telecomunicaciones de España, vio parte de sus sistemas afectados por el ransomware, obligando a los empleados a apagar sus computadoras para limitar la propagación del malware. Esta medida provocó interrupciones temporales de los servicios para los clientes y mostró hasta qué punto un incidente de este tipo puede paralizar incluso a grandes empresas tecnológicas.

Las empresas manufactureras y las infraestructuras industriales también sintieron los efectos devastadores de WannaCry. El fabricante de automóviles francés Renault tuvo que detener la producción en varias de sus plantas para contener la infección, lo que provocó pérdidas financieras significativas y retrasos en la cadena de suministro. Empresas de diversos sectores, desde la logística hasta la aviación, informaron de interrupciones similares, ilustrando el alcance tentacular del ransomware.

Las administraciones públicas no se libraron. Varios ministerios y organizaciones gubernamentales de todo el mundo vieron sus operaciones perturbadas, lo que afectó los servicios a los ciudadanos. Por ejemplo, la policía nacional de Indonesia y agencias gubernamentales en Rusia fueron algunas de las víctimas, lo que dificultó su capacidad para proporcionar servicios esenciales.

El alcance geográfico del ataque WannaCry también puso de manifiesto las disparidades en materia de seguridad informática entre las diferentes regiones del mundo. Las economías emergentes, a menudo menos equipadas para enfrentar tales amenazas debido a la falta de recursos y a infraestructuras obsoletas, fueron particularmente vulnerables. Empresas e instituciones en China, India y América del Sur informaron de importantes perturbaciones, revelando notables carencias en la preparación y resiliencia cibernética a nivel mundial.

En el plano financiero, los costos generados por WannaCry fueron enormes. Aunque la estimación de los rescates pagados varía, con algunos análisis sugiriendo que los atacantes recolectaron varios cientos de miles de dólares en bitcoins, las pérdidas económicas globales relacionadas con la interrupción de las actividades, las reparaciones de los sistemas y las medidas de refuerzo de la seguridad se cuentan en miles de millones de dólares. Las empresas tuvieron que invertir masivamente en auditorías de seguridad, actualizaciones de software y formación para sus empleados con el fin de prevenir futuros ataques similares.

El impacto psicológico en el público y en las empresas no fue insignificante. WannaCry sembró el miedo y la incertidumbre, poniendo de relieve la amenaza omnipresente de los ciberataques y el potencial destructivo de los ransomware. Las empresas de ciberseguridad vieron un aumento en la demanda de sus servicios, reflejando una mayor concienciación sobre la importancia de la seguridad informática. Los gobiernos también reaccionaron fortaleciendo sus políticas de ciberseguridad y promoviendo iniciativas de cooperación internacional para combatir la ciberdelincuencia.

En conclusión, el impacto mundial del ataque WannaCry fue vasto y profundo, afectando a diversas industrias, administraciones públicas y usuarios individuales en todo el mundo. Las repercusiones del ataque revelaron las vulnerabilidades estructurales de los sistemas informáticos y subrayaron la necesidad de una mayor resiliencia frente a esta forma moderna de amenaza. La magnitud de las perturbaciones provocadas por WannaCry marcó un punto de inflexión en la concienciación sobre los riesgos cibernéticos y en el enfoque de la ciberseguridad a nivel mundial.

2.4 Respuesta y resolución

La respuesta al ataque WannaCry, aunque rápida, destacó los desafíos complejos que plantean los ciberataques a gran escala. Tan pronto como la magnitud del incidente se hizo evidente, se emprendió una coordinación mundial para contener y resolver la crisis. Las agencias gubernamentales, las empresas privadas de ciberseguridad y los investigadores individuales colaboraron para mitigar los efectos del ransomware e impedir su propagación posterior.

La intervención clave se produjo casi por accidente, cuando el joven investigador en ciberseguridad británico conocido bajo el pseudónimo de MalwareTech descubrió un "interruptor de apagado" integrado en el código malicioso de WannaCry. Este punto de terminación específico, cuando se registraba, impedía que WannaCry continuara replicándose. MalwareTech logró registrar el dominio, bloqueando así la propagación del ransomware en una gran cantidad de redes y frenando su velocidad de contaminación. Este descubrimiento fortuito fue un momento crucial en la respuesta inicial al ataque, evitando millones de infecciones adicionales.

Mientras tanto, los equipos de TI de las empresas e instituciones afectadas se lanzaron en esfuerzos frenéticos para aislar las computadoras infectadas, aplicar los parches de seguridad necesarios y restaurar los sistemas a partir de copias de seguridad. Microsoft publicó actualizaciones de seguridad de emergencia, incluso para los sistemas operativos no soportados como Windows XP, para ayudar a sellar la vulnerabilidad explotada por WannaCry. Estas acciones ilustraban la urgencia de la situación y el compromiso de las grandes empresas tecnológicas en proteger a sus usuarios.

Las medidas de contención también implicaron la desactivación de las computadoras conectadas a las redes infectadas, la puesta en cuarentena de los sistemas comprometidos y la difusión de directrices de seguridad a los usuarios. Las organizaciones aconsejaron a sus empleados no abrir correos electrónicos o archivos adjuntos sospechosos, con el fin de prevenir infecciones adicionales a través de vectores de phishing.

Paralelamente, los gobiernos de todo el mundo intensificaron sus esfuerzos para coordinar la respuesta al ataque. El Servicio Nacional de Salud (NHS) del Reino Unido trabajó en estrecha colaboración con el Centro Nacional de Ciberseguridad (NCSC) para restaurar los servicios de salud y asegurar la continuidad de la atención. Las agencias de ciberseguridad, como el Departamento de Seguridad Nacional (DHS) en Estados Unidos y la Agencia de Seguridad de Infraestructura y Ciberseguridad (CISA), proporcionaron recursos y orientaciones a las empresas y a las infraestructuras críticas para fortalecer su resiliencia contra el ransomware.

Uno de los principales desafíos en la resolución del ataque WannaCry fue el descifrado de los datos comprometidos. El malware utilizaba un cifrado robusto, y las garantías sobre la recuperación de los archivos después del pago del rescate eran escasas. Muchas empresas y usuarios se negaron a ceder a las demandas de los ciberdelincuentes, prefiriendo reconstruir sus sistemas a partir de copias de seguridad seguras. En algunos casos, se desarrollaron herramientas de descifrado por parte de investigadores en ciberseguridad, aunque su efectividad fue limitada y a menudo específica para ciertas variantes del malware.

Las lecciones aprendidas de la respuesta a WannaCry también condujeron a mejoras sistemáticas en la gestión de ciberincidentes. Las organizaciones fueron incentivadas a revisar y fortalecer sus políticas de copias de seguridad, a adoptar estrategias de seguridad en múltiples capas y a promover una cultura de ciberseguridad formando a sus empleados para identificar y evitar amenazas potenciales.

En respuesta a WannaCry, se emprendieron esfuerzos para mejorar la colaboración internacional en materia de ciberseguridad. Se organizaron conferencias y reuniones entre expertos de diversos países para compartir información sobre las amenazas emergentes y las mejores prácticas en materia de protección. Los gobiernos comenzaron a trabajar más estrechamente con el sector privado para fortalecer las capacidades de defensa y desarrollar infraestructuras más resilientes.

Finalmente, los reguladores y las instancias legislativas tomaron conciencia de la importancia crucial de la seguridad informática. Surgieron iniciativas legislativas para imponer normas de ciberseguridad más estrictas y aumentar la responsabilidad de las empresas en la protección de datos y sistemas sensibles. La confianza del público y la estabilidad económica dependían de la capacidad de los gobiernos y las empresas para prevenir y responder eficazmente a futuras ciberamenazas.

En resumen, la respuesta y resolución del ataque WannaCry se caracterizaron por una combinación de acciones fortuitas, medidas de contención rápidas y colaboraciones internacionales. La crisis puso de relieve las numerosas vulnerabilidades persistentes en los sistemas informáticos mundiales y sirvió como catalizador para reformas y refuerzos en materia de ciberseguridad.

2.5 Lecciones aprendidas

El ataque WannaCry dejó tras de sí un rastro de destrucción, pero también actuó como un poderoso catalizador para la reforma y mejora de las prácticas de ciberseguridad. Las lecciones aprendidas de este evento son numerosas y atraviesan diversos aspectos de la gestión de sistemas informáticos, las prácticas de seguridad y la colaboración internacional.

Una de las lecciones más obvias es la importancia crucial de las actualizaciones regulares y los parches de seguridad. WannaCry explotó una vulnerabilidad para la cual Microsoft ya había publicado un parche varios meses antes del ataque. Sin embargo, muchas organizaciones no habían aplicado esta actualización, ilustrando uno de los principales puntos débiles de las infraestructuras de seguridad: la procrastinación o negligencia en la aplicación de parches. Este incidente incitó a muchas empresas a revisar y fortalecer sus procedimientos de gestión de parches, para asegurarse de que las actualizaciones de seguridad críticas se apliquen sin demora.

El ataque también puso de relieve la necesidad de copias de seguridad regulares y fiables. Las organizaciones que disponían de copias de seguridad robustas y recientes de sus datos pudieron recuperarse más rápidamente y con menos pérdidas que aquellas que no lo hicieron. La práctica de mantener copias de seguridad offline y no accesibles desde las mismas redes que los sistemas en producción se convirtió en una prioridad. Esto garantiza que, incluso en caso de compromiso, los datos esenciales puedan ser restaurados sin tener que pagar un rescate.

Las estrategias de segmentación de redes se reforzaron a raíz de WannaCry. El ataque mostró cuán redes no segmentadas permiten una rápida propagación del malware. Al segmentar las redes, las organizaciones pueden contener las infecciones y limitar los daños a subredes específicas en lugar de arriesgarse a una propagación a toda la infraestructura.

Otra lección clave fue la importancia de la intervención rápida y coordinada en caso de incidente. El descubrimiento y activación del "interruptor de apagado" por MalwareTech fueron cruciales para limitar la propagación de la infección. Esto destacó la importancia del trabajo de investigación en ciberseguridad y de la colaboración entre investigadores, empresas y autoridades gubernamentales. Organizaciones como el Centro Nacional de Ciberseguridad (NCSC) en el Reino Unido y la Agencia Europea de Seguridad de las Redes y de la Información (ENISA) intensificaron sus esfuerzos para facilitar esta cooperación y coordinar las respuestas a ciberincidentes.

En el plano internacional, WannaCry ilustró la necesidad de una cooperación y un intercambio de información mejorados. Las ciberamenazas no respetan las fronteras nacionales, y una respuesta eficaz requiere una colaboración global. A este respecto, se han establecido o reforzado acuerdos y marcos de colaboración entre países para compartir más rápidamente la información sobre amenazas, los métodos de respuesta y las soluciones técnicas.

La educación y formación en ciberseguridad adquirieron una importancia mayor. Incidentes como WannaCry empujaron a las empresas a invertir más en la formación de sus empleados para reconocer y reaccionar ante las amenazas potenciales. Los programas de concienciación y formación regulares se convirtieron en esenciales para fortalecer la primera línea de defensa contra los ciberataques.

Finalmente, WannaCry impulsó una reflexión más profunda sobre las políticas de divulgación de vulnerabilidades. La vulnerabilidad explotada por WannaCry había sido descubierta por la NSA y se mantuvo en secreto hasta que fue divulgada por el grupo de hackers Shadow Brokers. Esto planteó cuestiones éticas y prácticas sobre las vulnerabilidades conocidas por las agencias de inteligencia y su divulgación responsable a los fabricantes para corregir estas fallas antes de que sean utilizadas de manera malintencionada.

En conclusión, el ataque WannaCry ofreció numerosas lecciones sobre la necesidad de actualizaciones de seguridad rápidas, prácticas de copia de seguridad rigurosas, segmentación de redes, respuestas coordinadas a nivel global y la importancia de la educación en ciberseguridad. Al aprender estas lecciones, las organizaciones y los gobiernos pueden prepararse mejor para prevenir y responder a futuras ciberamenazas, asegurando así una mayor resiliencia frente a incidentes de esta naturaleza.

CAPÍTULO 3: ESTUDIO DE CASO: LA CAÍDA DE AWS EN 2017

E l ataque WannaCry nos mostró las consecuencias de un ciberataque, pero las fallas también pueden provenir de errores humanos. El siguiente capítulo se centra en la caída de AWS en 2017, un incidente que demuestra cómo un simple error de manipulación puede provocar perturbaciones a gran escala en el mundo de los servicios en la nube.

3.1 Origen y desencadenamiento de la caída

El 28 de febrero de 2017, Amazon Web Services (AWS), uno de los mayores proveedores de servicios en la nube del mundo, sufrió una caída importante que afectó a numerosos sitios web y servicios en línea. La caída fue desencadenada por un simple error humano durante una actividad de mantenimiento regular en el servicio de almacenamiento de datos S3 (Simple Storage Service) en la región US-East-1, que es uno de los centros de datos más importantes y utilizados por AWS.

El incidente comenzó cuando un equipo de ingenieros de mantenimiento de AWS emprendió una operación de depuración destinada a resolver un problema de rendimiento en el subsistema de facturación. Para ejecutar esta tarea, los ingenieros utilizaron un comando para retirar un pequeño número de servidores del sistema S3. Desafortunadamente, debido a un error tipográfico, el comando ejecutado era incorrecto y retiró accidentalmente un número mucho mayor de servidores de lo previsto. Este error de manipulación llevó a la detención repentina de dos subsistemas críticos.

El primer subsistema afectado fue el servicio de gestión de capacidad de los índices, que es responsable de gestionar la información de ubicación de los objetos S3. El segundo subsistema afectado era el de los servidores de posicionamiento de almacenamiento, que supervisan el reequilibrio y la asignación de capacidades de almacenamiento. Estos subsistemas son esenciales para el funcionamiento del servicio S3, y su inactividad provocó una interrupción mayor de las operaciones.

Debido a la estrecha dependencia entre estos subsistemas, su parada simultánea provocó un efecto dominó. Los otros componentes del sistema comenzaron a ralentizarse y a fallar, ya que no podían acceder a la información de ubicación esencial para almacenar y recuperar los datos. Al ser S3 un pilar fundamental para muchos otros servicios de AWS, los efectos de esta caída se propagaron rápidamente a través de la infraestructura, afectando a servicios como EC2 (Elastic Compute Cloud), RDS (Relational Database Service) y Lambda.

La interrupción tuvo consecuencias considerables para una amplia gama de sitios web y aplicaciones que dependen de AWS. Servicios populares como Trello, Quora, Slack, Business Insider y muchos otros sitios importantes se vieron afectados. Los usuarios experimentaron errores de carga de páginas, tiempos de espera prolongados y, en algunos casos, interrupciones completas del servicio.

Pocos minutos después del desencadenamiento de la caída, quedó claro que el impacto era más grave y más extenso de lo que el equipo de ingenieros había anticipado. Los equipos de soporte e ingeniería de AWS fueron inmediatamente movilizados para diagnosticar el problema e iniciar los procedimientos de recuperación. Sin embargo, la complejidad de los sistemas y la magnitud de las fallas interdependientes hicieron que la recuperación fuera mucho más difícil de lo esperado.

El proceso de recuperación consistió en reiniciar progresivamente los subsistemas afectados y reintroducir los servidores desconectados en la infraestructura global. A medida que los subsistemas de gestión de índices y de posicionamiento de almacenamiento volvían en línea, los otros servicios de AWS comenzaron a estabilizarse. La restauración completa de las operaciones requirió varias horas, durante las cuales los equipos de ingenieros trabajaron sin descanso para garantizar un retorno a la normalidad evitando interrupciones adicionales.

La caída de febrero de 2017 de AWS fue un recordatorio brutal de las vulnerabilidades potenciales incluso en las infraestructuras en la nube más avanzadas y ampliamente utilizadas. Destacó la importancia crucial de una gestión minuciosa y precisa de las operaciones de mantenimiento y subrayó la necesidad de robustos sistemas de verificación y equilibrio para prevenir tales errores humanos.

3.2 Consecuencias inmediatas
para los servicios

La caída de Amazon Web Services (AWS) el 28 de febrero de 2017 tuvo consecuencias inmediatas y extendidas para una amplia gama de servicios dependientes de la infraestructura S3 en la región US-East-1. Debido a la posición dominante de S3 como servicio de almacenamiento de datos, muchos otros servicios de AWS y, por extensión, las aplicaciones y sitios web que dependen de ellos, se vieron gravemente afectados.

Entre los servicios de AWS más afectados se encontraban el Elastic Compute Cloud (EC2), el Relational Database Service (RDS), Lambda y el Simple Queue Service (SQS). La dependencia de estos servicios de las funcionalidades de almacenamiento de la red S3 significaba que su rendimiento y disponibilidad estaban directamente comprometidos. Las instancias de EC2, que constituyen los "músculos" de muchas aplicaciones comerciales, experimentaron importantes interrupciones de funcionalidades, provocando la falla de numerosas aplicaciones alojadas. RDS, utilizado para gestionar bases de datos cruciales, también sufrió importantes ralentizaciones e indisponibilidades, perturbando severamente las operaciones de bases de datos críticas para las empresas.

Las aplicaciones web que utilizan servicios de almacenamiento de imágenes, videos y otros contenidos estáticos a través de S3 sufrieron interrupciones inmediatas. Sitios como Trello, una plataforma de gestión de proyectos utilizada a nivel mundial, informaron de fallos generalizados, dejando sus servicios inaccesibles para los usuarios. Quora, una plataforma popular de preguntas y respuestas, también fue incapaz de cargar páginas, lo que generó una considerable frustración entre sus usuarios.

Uno de los aspectos más visibles de la caída fue la interrupción de los servicios de comunicación. Slack, la herramienta de mensajería profesional ampliamente utilizada, informó problemas de carga de archivos e imágenes, afectando así la comunicación y la colaboración entre equipos. Del mismo modo, periódicos en línea como Business Insider y The Verge experimentaron interrupciones, ya que no podían cargar recursos críticos almacenados en S3, obstaculizando su capacidad para proporcionar noticias en tiempo real a sus lectores.

Las startups y pequeñas empresas que utilizan AWS para alojar sus servicios sintieron especialmente la presión de esta caída. Muchas startups dependen en gran medida de AWS para sus infraestructuras de bajo costo y alta disponibilidad. La caída de S3 reveló que incluso los servicios pagos de respaldo y recuperación pueden ser insuficientes si una región entera sufre una caída grave. Estas interrupciones provocaron una pérdida temporal de confianza entre algunos usuarios de AWS respecto a la fiabilidad y robustez de sus servicios.

Las grandes empresas que dependen de servicios automatizados e infraestructuras controladas por código fueron particularmente vulnerables. Por ejemplo, la caída de S3 comprometió los flujos de trabajo de implementación continua para muchos equipos DevOps, ralentizando los ciclos de desarrollo y despliegue. Empresas de comercio electrónico informaron interrupciones en sus sistemas de pago y gestión de pedidos, afectando directamente sus ingresos durante la duración de la caída.

En resumen, la caída de AWS tuvo consecuencias inmediatas en una amplia gama de servicios, desde aplicaciones de gestión de proyectos y comunicación hasta plataformas de medios y servicios de comercio electrónico. Esta interrupción mayor destacó cómo una falla en un segmento crítico de la infraestructura de computación en la nube puede tener repercusiones en cascada en el ecosistema digital mundial. Las empresas que utilizan estos servicios enfrentaron la importancia crucial de la resiliencia y la redundancia en el diseño de sus arquitecturas informáticas.

3.3 Repercusiones económicas y comerciales

La caída de Amazon Web Services (AWS) en febrero de 2017 tuvo repercusiones económicas y comerciales considerables que se sintieron a través de una multitud de industrias y sectores. Debido a la creciente dependencia de las empresas en los servicios en la nube para sus operaciones diarias, la interrupción del servicio de almacenamiento S3 provocó pérdidas financieras significativas y perturbó las actividades comerciales de muchas organizaciones.

En el plano económico, las interrupciones causadas por la caída de S3 provocaron una pérdida de productividad en muchas empresas. Las plataformas de gestión de proyectos como Trello eran inutilizables, impidiendo que miles de equipos avanzaran en sus tareas diarias. Las empresas de comercio electrónico se vieron particularmente afectadas, ya que los sistemas de procesamiento de pedidos y los servicios de pago en línea que dependían de AWS se interrumpieron. Las pérdidas de ventas durante las horas pico de la caída fueron sustanciales, representando una pérdida de ingresos significativa para los minoristas.

Las industrias dependientes del análisis de datos y el procesamiento de información también sintieron una presión considerable. Los servicios de bases de datos como RDS estaban indisponibles, impidiendo que las empresas accedieran a información crítica necesaria para tomar decisiones en tiempo real. Esta pérdida de acceso retrasó los procesos de toma de decisiones, provocando interrupciones en las cadenas de suministro y pérdidas operativas.

Las pérdidas financieras directas se vieron amplificadas por los costos asociados con la gestión de la crisis. Las empresas tuvieron que movilizar recursos adicionales para resolver los problemas técnicos, restablecer los servicios y minimizar los impactos negativos en los clientes. Los equipos de TI internos y los proveedores de servicios de ciberseguridad fueron llamados para estabilizar los sistemas y garantizar un retorno a la normalidad lo más rápido posible. Estas iniciativas de emergencia generaron costos imprevistos que pesaron en los presupuestos operativos de las empresas.

La reputación y la confianza de los clientes se vieron afectadas, especialmente para las empresas que ofrecen servicios críticos basados en AWS. Los clientes finales descontentos con la interrupción de los servicios expresaron su frustración en las redes sociales y otras plataformas públicas, lo que pudo empañar la imagen de marca de estas empresas. La lealtad de los clientes, a menudo directamente ligada a la fiabilidad de los servicios, llevó a que algunas empresas tuvieran que invertir más en estrategias de retención y comunicación transparente para restaurar la confianza.

Para Amazon Web Services en sí, la caída puso de manifiesto vulnerabilidades en su infraestructura y sus procesos de gestión. Aunque AWS rápidamente publicó disculpas públicas y ofreció explicaciones detalladas sobre el incidente, la caída impactó en la percepción de la fiabilidad de sus servicios. Las acciones de Amazon sufrieron ligeras fluctuaciones en los días posteriores al incidente, reflejando la preocupación de los inversores sobre la resiliencia de sus infraestructuras en la nube.

Empresas competidoras de AWS, como Microsoft Azure y Google Cloud Platform, intentaron sacar provecho de la situación destacando la fiabilidad y robustez de sus propios servicios. Algunas empresas clientes de AWS exploraron estrategias multi-cloud para mitigar riesgos futuros, diversificando así sus proveedores de servicios en la nube para evitar una dependencia excesiva de un solo proveedor.

En última instancia, la caída de 2017 sirvió como un recordatorio brutal de los riesgos económicos y comerciales inherentes a la dependencia de los servicios en la nube. Las empresas se vieron incentivadas a revisar y fortalecer su estrategia de continuidad del negocio, a invertir en tecnologías de prevención de fallos y a establecer planes de recuperación ante desastres más robustos.

En conclusión, las repercusiones económicas y comerciales de la caída de AWS fueron vastas y variadas, afectando a sectores que van desde el comercio electrónico hasta el análisis de datos, pasando por la gestión de proyectos y los servicios financieros. Este incidente destacó la importancia crucial de la resiliencia y la redundancia en las arquitecturas en la nube y llevó a las empresas a replantear sus estrategias para mitigar los riesgos asociados con la interrupción de los servicios tecnológicos esenciales.

3.4 Estrategias de recuperación y restablecimiento

Las estrategias de recuperación y restablecimiento implementadas por Amazon Web Services (AWS) y sus clientes durante la caída de S3 en febrero de 2017 fueron cruciales para minimizar las interrupciones prolongadas y restablecer los servicios. El proceso de vuelta a la normalidad implicó una serie de acciones técnicas y de coordinación logística, destinadas a resolver los problemas de manera rápida y eficaz.

Desde el inicio de la caída, los equipos de ingeniería de AWS fueron movilizados para diagnosticar la fuente del incidente. La rápida identificación del comando incorrecto como causa principal permitió enfocar precisamente los subsistemas afectados. El primer paso de la recuperación consistió en reiniciar progresivamente los servidores críticos que habían sido retirados accidentalmente, asegurándose de no causar daños adicionales ni perturbaciones adicionales.

La restauración en línea de los sistemas de gestión de índices y de posicionamiento de almacenamiento fue una prioridad esencial. Los ingenieros trabajaron para restaurar la capacidad de los servidores para gestionar correctamente las solicitudes de almacenamiento y recuperación de datos. Este proceso implicó verificaciones minuciosas y ajustes para asegurarse de que los archivos se reindexaran y fueran accesibles sin alteraciones. La coordinación estrecha entre los diferentes equipos de ingeniería fue vital para sincronizar estos esfuerzos y evitar conflictos o errores adicionales.

Para los clientes de AWS, la estrategia de recuperación varió según la naturaleza de sus servicios y su infraestructura. Las empresas que habían adoptado previamente prácticas sólidas de respaldo y redundancia pudieron restaurar más rápidamente sus operaciones. Los sistemas de respaldo regular, combinados con entornos de prueba y staging, permitieron a algunas organizaciones recuperarse sin pérdida significativa de datos. Las empresas que utilizaban estructuras de alojamiento multirregional pudieron redirigir su tráfico a regiones de AWS no afectadas, minimizando así el impacto en sus usuarios finales.

AWS también proporcionó una comunicación transparente y continua durante el periodo de recuperación. Se publicaron actualizaciones regulares en los paneles de estado y a través de los canales de soporte al cliente para mantener informados a los clientes sobre el avance de las reparaciones. Esta transparencia ayudó a mitigar la ansiedad de los clientes y les proporcionó la información necesaria para planificar sus propias acciones de recuperación.

La implementación de estrategias de comunicación interna fue otro aspecto esencial de la recuperación. Las empresas tuvieron que informar a sus empleados sobre los progresos realizados y proporcionarles directrices sobre cómo continuar el trabajo a pesar de las interrupciones. La comunicación clara y rápida permitió una mejor coordinación de los esfuerzos de resolución y contribuyó a mantener el compromiso de los equipos.

Una vez que los sistemas críticos comenzaron a estabilizarse, las empresas emprendieron auditorías de sus procedimientos internos para identificar los puntos de falla y mejorar la resiliencia futura. Esto implicó revisiones post-mortem para analizar qué funcionó y qué necesitaba mejorarse. Las lecciones aprendidas de estos análisis se documentaron e integraron en los planes de recuperación ante desastres y de continuidad del negocio.

Por ejemplo, varias empresas reforzaron sus prácticas de respaldo implementando soluciones de respaldo fuera del sitio y sistemas de copia espejo instantánea. Otras invirtieron en arquitecturas de microservicios que ofrecen mejor aislamiento de componentes, reduciendo así el impacto potencial de futuras caídas. La redundancia de red y el uso de múltiples proveedores de la nube también fueron estrategias adoptadas para diversificar los riesgos.

Finalmente, AWS tomó medidas para evitar la repetición de un incidente similar en el futuro. La empresa mejoró sus procedimientos de comando introduciendo verificaciones de seguridad adicionales para evitar la ejecución accidental de comandos críticos. Se integraron sistemas de alerta avanzados y scripts de validación para detectar y prevenir errores humanos similares. También se emprendió la actualización de los procesos de formación y los protocolos de respuesta a incidentes para preparar mejor a los equipos de ingenieros para manejar situaciones de emergencia.

En resumen, las estrategias de recuperación y restablecimiento tras la caída de AWS se basaron en una combinación de técnicas de restauración progresiva, comunicación eficaz y fortalecimiento de las prácticas de resiliencia. Estas acciones permitieron no solo restablecer los servicios en el menor tiempo posible, sino también extraer valiosas enseñanzas para protegerse contra futuras caídas, reforzando así la robustez de las infraestructuras informáticas y los servicios en la nube.

3.5 Lecciones aprendidas
del incidente

El incidente de la caída de AWS en 2017 proporcionó numerosas lecciones esenciales para las empresas, los proveedores de servicios en la nube y los profesionales de la ciberseguridad. Estas lecciones abarcaron desde la gestión de operaciones de mantenimiento hasta el diseño de arquitecturas resilientes y la preparación para crisis.

Una de las principales lecciones aprendidas de este incidente es la importancia crucial de la precisión y el rigor en las operaciones de mantenimiento. La caída fue desencadenada por un simple error humano durante una actualización de rutina, destacando así la necesidad de verificar y probar minuciosamente los comandos y scripts antes de su ejecución. Amazon Web Services introdujo salvaguardas adicionales para prevenir tales errores en el futuro, mostrando la importancia de integrar capas de validación y seguridad en los procesos operativos.

Otro punto clave es la necesidad de redundancia y resiliencia en el diseño de infraestructuras. La caída de S3 puso de manifiesto la vulnerabilidad de los sistemas concentrados en una sola región o dependientes de un solo proveedor. Las empresas aprendieron a diversificar sus riesgos adoptando estrategias multi-cloud y distribuyendo sus cargas de trabajo a través de varias regiones geográficas. Esta diversificación permite reducir el impacto de las caídas regionales y garantizar una continuidad de servicio más robusta.

Además, el incidente subrayó la importancia de respaldos regulares y seguros. Las empresas que disponían de respaldos fiables pudieron recuperarse más rápidamente y minimizar las pérdidas de datos. Este escenario recordó a las organizaciones la importancia de automatizar los procesos de respaldo y verificar regularmente la integridad y accesibilidad de estos respaldos. La práctica de mantener copias de respaldo fuera de línea se convirtió en una prioridad para mejorar la resiliencia contra futuras interrupciones.

La comunicación transparente y proactiva durante una crisis fue otra lección mayor. AWS proporcionó actualizaciones regulares y detalladas sobre la situación de la caída, lo que ayudó a mitigar la preocupación y a informar a los clientes sobre el avance de las reparaciones. Las empresas reconocieron el valor de la comunicación interna y externa durante una crisis, informando rápidamente a sus empleados, clientes y socios sobre las acciones en curso y los plazos previstos para la recuperación de los servicios.

La planificación y los ejercicios de simulación de crisis también emergieron como prácticas esenciales. Las organizaciones se dieron cuenta de la importancia de preparar planes de continuidad del negocio y de recuperación ante desastres bien definidos, y de probar estos planes regularmente para garantizar su eficacia. Las simulaciones de caídas, las pruebas de conmutación por error y los ejercicios de respuesta a incidentes permiten identificar las fallas y mejorar la coordinación y la reactividad de los equipos en situaciones reales.

La formación continua de los equipos técnicos fue identificada como un elemento crucial para reforzar la resiliencia de las operaciones. El incidente puso de manifiesto la necesidad de formar regularmente a los ingenieros y administradores de sistemas en las mejores prácticas de gestión de infraestructuras en la nube, en procedimientos de seguridad y en medidas de prevención de errores. Las empresas invirtieron en programas de desarrollo profesional para asegurar que sus equipos se mantuvieran actualizados con las últimas tecnologías y prácticas de seguridad.

Finalmente, la necesidad de una mayor colaboración entre las partes interesadas se vio amplificada por este incidente. Las empresas vieron la importancia de trabajar en estrecha colaboración con sus proveedores de servicios en la nube, expertos en ciberseguridad y organismos reguladores para comprender mejor los riesgos y desarrollar soluciones conjuntas. El intercambio de información, las asociaciones estratégicas y los foros de discusión entre los actores de la industria se reforzaron para promover un enfoque colectivo hacia la resiliencia informática.

En conclusión, la caída de AWS en 2017 fue un evento destacado que puso de relieve las vulnerabilidades de los sistemas en la nube modernos, pero también ofreció un tesoro de lecciones valiosas. Al mejorar el rigor operacional, diversificar los riesgos, reforzar los respaldos, perfeccionar la comunicación de crisis, planificar y probar las respuestas a incidentes, formar continuamente al personal y fomentar la colaboración, las organizaciones pueden construir infraestructuras más resilientes y mejor preparadas para enfrentar futuras perturbaciones.

CAPÍTULO 4:
OTROS INCIDENTES
NOTABLES

Mientras hemos explorado incidentes específicos en detalle, es crucial reconocer que las fallas informáticas no son eventos aislados. Este capítulo presenta otros incidentes notables, ofreciendo una visión general de los diversos tipos de fallas que han afectado servicios críticos, y destacando la necesidad de una vigilancia constante en el mantenimiento de la resiliencia de los sistemas.

4.1 Fallas de Google Cloud

Google Cloud, uno de los principales proveedores de servicios en la nube del mundo, no ha estado exento de fallas, a pesar de las inversiones masivas en la fiabilidad y la resiliencia de sus infraestructuras. Una de las fallas más significativas que ha marcado la historia reciente de Google Cloud ocurrió el 2 de junio de 2019, impactando a una gran cantidad de servicios y usuarios a través de varias regiones. Esta falla puso de relieve vulnerabilidades específicas y proporcionó enseñanzas importantes para el futuro de la gestión de servicios en la nube.

El 2 de junio de 2019, una falla importante afectó a los servicios en la nube de Google, provocando interrupciones en plataformas ampliamente utilizadas como YouTube, Gmail, Google Drive y Google Cloud Platform (GCP). El origen del incidente fue un problema de configuración de red que afectó los recursos del enrutador. La falla comenzó cuando los ingenieros de Google emprendieron una modificación planificada de la configuración de la red, una operación común en la gestión de infraestructuras informáticas. Sin embargo, un error en el despliegue de la configuración provocó una saturación inesperada de los enlaces de red de la región US-East1, una de las zonas de disponibilidad de Google Cloud más utilizadas.

Esta saturación causó retrasos considerables en el tráfico de red, complicando el acceso a los servicios para los usuarios finales. Los sistemas automatizados de gestión de la red, que están diseñados para maximizar la disponibilidad equilibrando dinámicamente el tráfico, no pudieron responder eficazmente a esta sobrecarga repentina. Como resultado, los usuarios en múltiples regiones comenzaron a experimentar tiempos de carga largos, errores de conexión y interrupciones totales del servicio.

El impacto de la falla fue masivo e inmediato. YouTube, una de las plataformas de intercambio de videos más grandes del mundo, se volvió inaccesible para millones de usuarios, perturbando no solo a los consumidores de contenido, sino también a los creadores de contenido que dependen de la plataforma para su sustento. Gmail, utilizado por miles de millones de personas para comunicaciones personales y profesionales, encontró retrasos y errores en el envío y la recepción de correos electrónicos, afectando la productividad y las operaciones comerciales.

Las empresas que usan Google Cloud Platform para alojar sus aplicaciones y servicios también fueron duramente golpeadas. Startups y grandes empresas reportaron caídas en sus sitios web, interrupciones en sus aplicaciones y perturbaciones en sus operaciones en tiempo real. Los sistemas de comercio electrónico, servicios financieros y aplicaciones móviles sufrieron ralentizaciones y fallas, lo que resultó en pérdidas de ingresos y frustración de los clientes.

La respuesta de Google Cloud a esta falla fue rápida. Los ingenieros trabajaron incansablemente para comprender el alcance del problema e implementar soluciones para restaurar el funcionamiento normal de los servicios. Uno de los primeros pasos fue corregir la configuración de red defectuosa que causó la saturación de los enlaces. Los equipos técnicos también redirigieron dinámicamente el tráfico hacia enlaces menos congestionados, permitiendo una recuperación progresiva de los servicios afectados.

Durante toda la duración de la falla, Google mantuvo una comunicación transparente con sus usuarios, proporcionando actualizaciones regulares sobre el estado y los esfuerzos de recuperación a través de sus canales de comunicación. Esta transparencia ayudó a mitigar parte de la frustración de los usuarios y a mantener la confianza en la capacidad de Google para gestionar incidentes.

Tras la falla, Google Cloud implementó varias mejoras para evitar futuros incidentes similares. La empresa reforzó sus procedimientos de prueba y validación de configuraciones de red, aumentó la vigilancia automatizada para detectar más rápidamente las anomalías y mejoró los mecanismos de distribución dinámica del tráfico. Google también intensificó la formación para los ingenieros y los responsables de red para minimizar los errores humanos.

El incidente de junio de 2019 puso de manifiesto vulnerabilidades específicas en la gestión de la red y la importancia crítica de la redundancia y la resiliencia en las infraestructuras en la nube. Aunque Google Cloud es reconocido por su innovación y fiabilidad global, esta falla sirvió como recordatorio de que incluso los gigantes tecnológicos no están exentos de errores y fallas. Aprovechando estas lecciones, Google pudo reforzar sus sistemas y preparar mejor sus servicios para enfrentar desafíos futuros.

4.2 Falla de Facebook en 2021

El 4 de octubre de 2021, Facebook, junto con sus aplicaciones afiliadas Instagram y WhatsApp, sufrió una falla importante que duró cerca de seis horas, marcando una de las interrupciones de servicios más significativas de la historia reciente de las redes sociales. Esta falla tuvo consecuencias globales, perturbando las comunicaciones personales y profesionales, y destacando los desafíos y vulnerabilidades de las infraestructuras tecnológicas complejas.

La causa de esta falla se atribuyó a un cambio de configuración en los enrutadores backbone que coordinan el tráfico de red entre los centros de datos de Facebook en todo el mundo. Esta modificación interrumpió las conexiones entre los centros de datos, provocando una cascada de efectos que hicieron inaccesibles los cinco principales servicios de Facebook para miles de millones de usuarios. En términos técnicos, la falla fue provocada por una actualización de enrutamiento mal configurada que cortó todas las conexiones a los servidores DNS (Domain Name System) de Facebook, haciendo imposible la resolución de las direcciones IP necesarias para acceder a sus servicios.

La falla no solo afectó a los usuarios finales, sino que también paralizó las herramientas internas de Facebook, dificultando que los ingenieros diagnosticaran y resolvieran rápidamente el problema. Los empleados de Facebook encontraron problemas para acceder a los edificios y a los sistemas, lo que añadió una capa de complejidad a la gestión de la crisis. Los sistemas de comunicación internos, bloqueados por la falla, obligaron a los equipos a usar medios externos para coordinar sus esfuerzos de recuperación.

El impacto global fue enorme. Los usuarios de Facebook e Instagram no pudieron conectarse, publicar actualizaciones ni comunicarse a través de las plataformas. Para WhatsApp, que se utiliza ampliamente como principal medio de comunicación en muchos países, la interrupción perturbó conversaciones cruciales, afectando a familias, empresas y servicios de emergencia. Millones de pequeñas empresas que dependen de estas plataformas para sus actividades comerciales y su interacción con los clientes reportaron pérdidas de ingresos y perturbaciones operativas significativas.

Las empresas que usan Facebook para publicidad y marketing también se vieron afectadas. La interrupción impidió que las marcas lanzaran campañas publicitarias, monitorearan el rendimiento de las publicidades en curso e interactuaran con sus audiencias. Esto fue particularmente problemático debido a la sincronización con los lanzamientos de productos, promociones y eventos de marketing planificados.

La respuesta de Facebook tras el incidente se caracterizó por esfuerzos intensos para restaurar los servicios y proporcionar explicaciones transparentes a los usuarios e inversores. Una vez identificado el problema de enrutamiento, los ingenieros trabajaron sin descanso para corregir la configuración y restaurar las conexiones entre los centros de datos. Las etapas de recuperación implicaron reinicios de sistemas, verificaciones de la integridad de los servicios y pruebas rigurosas para asegurar que ninguna otra parte de la infraestructura estuviera comprometida.

Las comunicaciones externas de Facebook proporcionaron actualizaciones regulares sobre el estado de la recuperación, aunque inicialmente se limitaron algunas informaciones debido a la naturaleza del problema. Los mensajes y las explicaciones técnicas publicadas en el blog de la empresa y a través de otros canales ayudaron a aclarar la causa de la falla y las medidas tomadas para evitar incidentes similares en el futuro.

En el post-mortem, Facebook llevó a cabo una revisión detallada del incidente para aprender de él y fortalecer la resiliencia de sus sistemas. Las medidas correctivas incluyeron mejoras en los protocolos de actualización de configuración, pruebas más extensas antes de los despliegues y mejoras en los sistemas de respaldo y redundancia para garantizar la continuidad de los servicios en caso de un incidente similar. Facebook también revisó sus protocolos de gestión de crisis para asegurarse de que el acceso a las herramientas internas críticas no se vea comprometido en caso de una falla generalizada.

La falla de Facebook en 2021 puso de relieve las vulnerabilidades de las grandes infraestructuras tecnológicas y la importancia de una gestión rigurosa de las configuraciones de red. Fue un recordatorio de que incluso los gigantes tecnológicos no están exentos de fallas operativas y que el impacto de estos incidentes puede ser profundo, afectando a millones de usuarios y empresas dependientes de estos servicios. Para Facebook, constituyó una oportunidad de mejorar sus sistemas y fortalecer la confianza de los usuarios en su capacidad para proporcionar servicios estables y resilientes.

4.3 Incidente de Microsoft Azure

El 4 de septiembre de 2018, Microsoft Azure, uno de los proveedores de servicios en la nube más importantes del mundo, sufrió una falla mayor que afectó a millones de usuarios en todo el mundo. Esta interrupción puso de relieve las vulnerabilidades de las infraestructuras en la nube y subrayó la importancia de la resiliencia y la redundancia en la gestión de sistemas tan complejos.

El incidente comenzó cuando una tormenta poderosa provocó una falla eléctrica en el centro de datos del oeste de Estados Unidos (US West) de Microsoft Azure. El corte de energía inicial desencadenó una serie de fallas en cadena, afectando varios servicios críticos. A pesar de la presencia de generadores de respaldo, la intensidad de la tormenta dañó las infraestructuras de refrigeración, lo que afectó el rendimiento y la disponibilidad de los servidores.

Una vez restablecida la alimentación eléctrica, los problemas continuaron debido a fallos en los sistemas de almacenamiento de Microsoft Azure. Los sistemas de refrigeración no pudieron ser restaurados inmediatamente, lo que provocó un sobrecalentamiento de los servidores, causando fallos de hardware y pérdida de datos para algunos clientes. Los equipos de ingenieros trabajaron sin descanso para reparar los daños y restaurar los servicios, pero el proceso de recuperación se complicó por la necesidad de preservar la integridad de los datos y asegurarse de que los sistemas fueran seguros antes de volver a ponerlos en línea.

La falla, que duró casi 24 horas, tuvo repercusiones extendidas en los usuarios de muchos servicios de Azure, incluidos las máquinas virtuales (VM), el almacenamiento de blobs, SQL Database y otros servicios críticos en la nube. Los clientes de Azure encontraron interrupciones en el acceso a sus aplicaciones y servicios alojados, lo que perturbó las operaciones comerciales y las actividades diarias de muchas empresas.

Los servicios en línea dependientes de Azure también se vieron afectados. Aplicaciones populares, utilizadas tanto por consumidores como por profesionales, registraron ralentizaciones e interrupciones. Empresas que usaban Azure para sus API críticas y sus sistemas de back-end reportaron dificultades para proporcionar servicios constantes a sus clientes finales. Estas interrupciones causaron una frustración considerable y pérdidas financieras para muchas organizaciones.

La respuesta de Microsoft a la crisis implicó una coordinación intensiva entre sus equipos de ingeniería, soporte y comunicación. Los ingenieros de Microsoft emprendieron acciones correctivas para restablecer los sistemas de refrigeración y las infraestructuras eléctricas dañadas. Simultáneamente, se implementaron esfuerzos para restaurar los datos perdidos y reiniciar los servicios en la nube de manera segura y estable.

Microsoft mantuvo una comunicación transparente con sus clientes durante toda la falla. Se publicaron actualizaciones regulares a través del tablero de estado de Azure y los canales de comunicación de la empresa. Los clientes fueron informados del estado de progreso de las reparaciones, las causas de la falla y las medidas tomadas para evitar futuros incidentes similares.

Después de la resolución del incidente, Microsoft llevó a cabo un análisis post-mortem detallado para identificar los aspectos de la infraestructura y los procesos operativos a mejorar. Este análisis puso de relieve la importancia de los sistemas de prevención de fallas y la necesidad de reforzar los protocolos de gestión de operaciones de mantenimiento y respuesta a incidentes.

Microsoft tomó varias medidas para prevenir la recurrencia de tales eventos. La empresa mejoró sus sistemas de redundancia para las alimentaciones eléctricas y las infraestructuras de refrigeración, garantizando que varios niveles de respaldo estuvieran disponibles incluso en caso de condiciones meteorológicas extremas. Se integraron procedimientos de pruebas rigurosas de las infraestructuras y simulaciones de fallas en los procesos operativos regulares para asegurar que los sistemas pudieran resistir una variedad de escenarios de emergencia.

Además, Microsoft reforzó sus mecanismos de vigilancia automatizada para detectar y responder rápidamente a las anomalías antes de que provocaran interrupciones significativas. La empresa también intensificó sus programas de formación para los ingenieros y administradores de sistemas, familiarizándolos con las mejores prácticas de gestión de infraestructuras en la nube y preparándolos para manejar crisis de manera eficaz.

En conclusión, el incidente de Microsoft Azure en 2018 ilustró los desafíos complejos a los que se enfrentan los operadores de servicios en la nube y proporcionó lecciones valiosas sobre la importancia de la resiliencia de las infraestructuras y la prevención proactiva de fallas. En respuesta a este evento, Microsoft tomó medidas significativas para mejorar sus sistemas y procesos, reforzando así la fiabilidad y la robustez de sus servicios en la nube para responder mejor a las necesidades de sus clientes globales.

4.4 Falla de la infraestructura de Cloudflare

El 2 de julio de 2019, Cloudflare, uno de los mayores proveedores mundiales de servicios de infraestructura de Internet, sufrió una falla mayor que afectó a una multitud de sitios web y servicios en línea durante aproximadamente media hora. Esta falla subrayó los riesgos inherentes a la centralización de servicios críticos y la complejidad de las infraestructuras modernas. El incidente tuvo repercusiones significativas en muchas empresas y usuarios en todo el mundo.

La causa de la falla se identificó rápidamente después del incidente. Un despliegue de configuración erróneo en una de las políticas de firewall (WAF - Web Application Firewall) de Cloudflare provocó una saturación de los procesadores de los servidores, causando una interrupción masiva de los servicios. Esencialmente, una regla mal configurada desencadenó un aumento exponencial del uso de la CPU, sobrecargando los sistemas y haciendo que los sitios web y los servicios dependientes de Cloudflare fueran inaccesibles.

El impacto de esta falla fue inmediato. Cloudflare, que protege y acelera millones de sitios web, vio a una gran mayoría de sus clientes afectados. Los usuarios que intentaban acceder a sitios web protegidos por Cloudflare recibieron mensajes de error, haciendo que muchos servicios en línea fueran inutilizables. Los sitios de comercio electrónico, las aplicaciones de redes sociales, los sitios de noticias y los foros comunitarios sufrieron interrupciones.

Empresas de todos los tamaños, desde pequeñas startups hasta grandes corporaciones, sintieron los efectos de la falla. Los comerciantes en línea reportaron pérdidas de ventas durante la interrupción, y las plataformas de comunicación fueron incapaces de transmitir mensajes y notificaciones en tiempo real. Los usuarios finales experimentaron frustraciones al intentar acceder a servicios esenciales para sus actividades diarias, aumentando la presión sobre los equipos de soporte y servicio al cliente de las empresas afectadas.

La respuesta de Cloudflare al incidente fue rápida y transparente. El equipo de ingeniería comenzó de inmediato a analizar los registros e identificar la configuración problemática. Una vez determinada la causa, desplegaron un parche para los sistemas afectados, lo que ayudó a restaurar progresivamente los servicios. La comunicación con los clientes se mantuvo durante toda la crisis, con actualizaciones frecuentes que proporcionaban detalles sobre el estado de la recuperación y los pasos tomados para resolver el problema.

Paralelamente a los esfuerzos de resolución inmediata, Cloudflare realizó un análisis post-mortem exhaustivo para comprender las fallas en los procesos de configuración y despliegue de su WAF. El informe publicado por Cloudflare detalló no solo las causas técnicas del incidente, sino también las medidas correctivas y preventivas implementadas para evitar fallas similares en el futuro.

Cloudflare mejoró varios aspectos de sus protocolos internos en respuesta a este incidente. Primero, la empresa implementó controles adicionales para validar las configuraciones antes de su despliegue en el entorno de producción. Estas medidas incluyen pruebas automatizadas más rigurosas y revisiones manuales por ingenieros de validación para detectar y corregir errores potenciales antes de que afecten los sistemas de producción.

Segundo, Cloudflare reforzó sus capacidades de monitoreo y alerta. Sistemas de detección de anomalías en el uso de la CPU y otros usos anormales de recursos se integraron para identificar rápidamente y reaccionar ante situaciones de sobrecarga antes de que causen interrupciones masivas. Este monitoreo proactivo permite a los equipos de ingeniería intervenir más rápidamente y prevenir los efectos en cascada de un error de configuración.

Tercero, Cloudflare aumentó sus esfuerzos de formación interna, enfocándose en la concienciación sobre las mejores prácticas de configuración y gestión de reglas de seguridad. Se implementaron programas de reciclaje y formación continua para asegurar que los ingenieros se mantengan bien informados sobre los protocolos de seguridad y las nuevas herramientas de validación.

Finalmente, Cloudflare invirtió en la mejora de su resiliencia global mediante la implementación de una mayor redundancia y la diversificación de sus rutas de red. Esto incluye la configuración de sistemas de respaldo y recuperación para garantizar que las interrupciones en un segmento de los servicios no perturben toda la infraestructura.

En conclusión, la falla de la infraestructura de Cloudflare en 2019 puso de manifiesto los desafíos técnicos y operativos a los que se enfrentan los proveedores de servicios de Internet modernos. A pesar de la magnitud y el impacto de la falla, las medidas tomadas por Cloudflare para corregir las fallas identificadas y reforzar la resiliencia de sus servicios demuestran un compromiso a largo plazo con la fiabilidad y la seguridad de su infraestructura.

4.5 Otros incidentes notables

Además de las fallas importantes mencionadas anteriormente, otros incidentes notables han marcado la historia reciente de los servicios en la nube y las infraestructuras tecnológicas. Estos incidentes, aunque variados en sus causas e impactos, ilustran los diversos desafíos a los que se enfrentan las empresas de tecnología y las consecuencias potencialmente devastadoras de las interrupciones del servicio.

Incidente de la API de Google Maps (2018)

El 15 de julio de 2018, una falla en la API de Google Maps provocó perturbaciones para millones de sitios web y aplicaciones que dependen de este servicio para proporcionar mapas, rutas y servicios de geolocalización. Esta interrupción fue provocada por una actualización de configuración que introdujo una sobrecarga en los servidores de la API, haciendo que las solicitudes de los usuarios no pudieran procesarse correctamente. Las empresas que usan la API de Google Maps en sus plataformas de transporte, entrega y servicios basados en la localización reportaron interrupciones significativas del servicio, afectando no solo las operaciones comerciales, sino también la experiencia del usuario.

Falla de GitHub (2018)

El 28 de febrero de 2018, GitHub, la plataforma de hospedaje de código más grande del mundo, sufrió un ataque de denegación de servicio distribuido (DDoS) de una magnitud sin precedentes. El pico de tráfico alcanzó 1,35 terabits por segundo, saturando la infraestructura de GitHub y haciendo que el sitio fuera inaccesible durante varias horas. Este ataque obligó a GitHub a activar medidas de emergencia, recurriendo a su proveedor de protección DDoS para absorber el tráfico malicioso y restaurar los servicios. El incidente puso de manifiesto la vulnerabilidad de las plataformas de desarrollo colaborativo y la importancia de soluciones robustas de protección contra ataques DDoS.

Falla de Slack (2020)

El 1 de febrero de 2020, Slack, una de las principales plataformas de mensajería profesional, sufrió una falla importante que duró más de tres horas. El incidente fue causado por una sobrecarga de las bases de datos debido a una cascada de solicitudes no optimizadas, provocando retrasos y errores para millones de usuarios en todo el mundo. Las empresas que usan Slack para la comunicación interna y la colaboración encontraron interrupciones, afectando la productividad y la coordinación de los equipos. Slack desplegó rápidamente parches para superar la sobrecarga de la base de datos y mejorar la resiliencia de sus servicios de comunicación.

Falla de Oracle Cloud (2021)

El 7 de enero de 2021, Oracle Cloud experimentó una falla significativa que afectó los servicios de varios clientes internacionales. El incidente se debió a una actualización de software que no había sido correctamente probada antes de su despliegue, provocando fallas en el sistema de gestión de identidades y accesos. Los usuarios de Oracle Cloud tuvieron dificultades para autenticarse y acceder a sus servicios en la nube, lo que perturbó las operaciones comerciales y la gestión de datos críticos. Oracle implementó medidas correctivas de emergencia para restaurar los servicios y reforzó sus procesos de validación de actualizaciones de software para evitar futuras fallas similares.

Falla de Akamai (2021)

El 22 de julio de 2021, Akamai Technologies, una empresa de servicios de infraestructura de Internet, sufrió una falla en sus servicios DNS que provocó interrupciones para una gran cantidad de sitios web y servicios en línea, incluidas empresas de comercio electrónico, instituciones financieras y plataformas gubernamentales. El incidente, causado por una mala configuración de software, puso de relieve la dependencia crítica de los servicios DNS para la conectividad a Internet. Akamai corrigió rápidamente la configuración errónea y reforzó sus procedimientos de gestión de configuraciones para prevenir futuros incidentes.

Incidente de Salesforce (2019)

El 11 de mayo de 2019, Salesforce, uno de los principales proveedores de soluciones CRM, fue afectado por un problema de permisos que perturbó el acceso de los usuarios a sus entornos. Una actualización de software mal desplegada revocó los permisos de acceso de decenas de miles de usuarios, haciendo que sus cuentas quedaran inactivas e impidiéndoles acceder a datos y herramientas CRM críticos. El incidente duró varias horas, tiempo durante el cual Salesforce restauró los permisos y aseguró el regreso a la normalidad para sus clientes. Este evento puso de relieve la importancia de las pruebas de actualización y la gestión rigurosa de permisos en los sistemas basados en la nube.

En conclusión, estos incidentes notables ilustran la diversidad de las causas potenciales de fallas en los sistemas de computación en la nube y de infraestructuras de Internet, desde errores de configuración hasta ataques maliciosos y fallas de hardware. Cada incidente ha proporcionado puntos de reflexión y oportunidades para fortalecer la resiliencia de los servicios, mejorar los procedimientos de prueba y despliegue, y desarrollar estrategias de recuperación ante las inevitables interrupciones en un mundo cada vez más conectado.

CAPÍTULO 5: CONSECUENCIAS SOCIALES DE LAS FALLAS INFORMÁTICAS

Los incidentes anteriores nos han mostrado los efectos inmediatos de las fallas informáticas, pero ¿cuáles son las repercusiones a más largo plazo? Este capítulo analiza en profundidad los impactos económicos y sociales de las fallas informáticas, explorando cómo pueden afectar no solo a las empresas, sino también a los individuos y las economías nacionales.

5.1 Impacto en los servicios públicos

Las fallas informáticas pueden tener consecuencias devastadoras en los servicios públicos, poniendo en peligro no solo el funcionamiento diario de estos servicios, sino también la seguridad y el bienestar de los ciudadanos. Los incidentes en infraestructuras críticas, como los sistemas de salud, las redes de transporte, los servicios de emergencia y las administraciones públicas, revelan hasta qué punto nuestra sociedad moderna depende de la tecnología para su buen funcionamiento.

Sistemas de salud

Uno de los ejemplos más impactantes del impacto de las fallas informáticas en los servicios públicos se refiere a los sistemas de salud. Durante el ataque WannaCry en 2017, el Servicio Nacional de Salud (NHS) del Reino Unido sufrió importantes interrupciones. Decenas de hospitales y clínicas fueron incapaces de acceder a los registros médicos electrónicos, obligando a los médicos y enfermeras a recurrir a métodos en papel para diagnósticos y tratamientos. Muchas operaciones quirúrgicas tuvieron que ser canceladas, los servicios de emergencia fueron redirigidos y los cuidados se retrasaron. Esta interrupción no solo provocó costos financieros significativos, sino que también comprometió la calidad de la atención brindada a los pacientes.

Redes de transporte

Las redes de transporte, incluidos los sistemas ferroviarios, los aeropuertos y los sistemas de gestión del tráfico, también son particularmente vulnerables a las fallas informáticas. Por ejemplo, en julio de 2017, los sistemas informáticos de British Airways se cayeron, provocando la cancelación de varios cientos de vuelos y perturbando los desplazamientos de miles de pasajeros. La falla se atribuyó a un corte de energía seguido de una recuperación mal gestionada de los sistemas. Las fallas en los sistemas de gestión del tráfico, como los semáforos y los sistemas de control del tráfico, pueden causar atascos masivos y aumentar el riesgo de accidentes.

Servicios de emergencia

Los servicios de emergencia, como la policía, los bomberos y las ambulancias, también dependen en gran medida de los sistemas informáticos para la recepción y distribución de llamadas, la coordinación de intervenciones y el acceso a información crítica. Cualquier falla en estos sistemas puede tener consecuencias fatales. Por ejemplo, una falla del sistema 911 en Estados Unidos en 2020 provocó retrasos en la respuesta a las llamadas de emergencia, comprometiendo la capacidad de los primeros respondientes para brindar asistencia rápida y eficaz.

Administraciones públicas

Las administraciones públicas, incluidos los servicios municipales, los tribunales y las agencias de protección social, también son vulnerables a las fallas informáticas. En 2018, una falla en la plataforma informática de la alcaldía de la ciudad de Baltimore, causada por un ataque de ransomware, paralizó los servicios municipales durante varias semanas. Los residentes tuvieron dificultades para realizar pagos de impuestos, obtener permisos y acceder a otros servicios esenciales. La interrupción de los servicios municipales también provocó pérdidas financieras significativas para la ciudad y puso de manifiesto las fallas de seguridad de los sistemas informáticos públicos.

Redes de energía

Las redes de energía, incluidos los sistemas eléctricos y los gasoductos, dependen de sofisticados sistemas de control industrial para gestionar la distribución y el consumo. Una falla en estos sistemas puede provocar cortes de energía generalizados e interrupciones en el suministro de gas natural. Por ejemplo, el ataque informático contra la red eléctrica en Ucrania en 2015 causó cortes de energía que afectaron a cientos de miles de hogares. Este incidente ilustró las posibles consecuencias de los ciberataques en las infraestructuras críticas y la necesidad de reforzar la resiliencia de los sistemas de control industrial.

En conclusión, las fallas informáticas en los servicios públicos pueden tener amplias repercusiones, afectando la salud, la seguridad y el bienestar de los ciudadanos. Estos incidentes destacan la importancia de fortalecer la resiliencia de las infraestructuras críticas y de implementar planes de continuidad de operaciones para minimizar los impactos de las fallas inevitables. La tecnología juega un papel central en nuestra sociedad moderna, y cualquier falla en los sistemas informáticos puede tener consecuencias significativas y de gran alcance.

5.2 Consecuencias para las empresas

Las fallas informáticas pueden tener repercusiones extremadamente graves para las empresas, afectando sus operaciones, su reputación y sus finanzas. Ya sea por una falla técnica, un error humano o un ataque malicioso, las empresas de todos los sectores son vulnerables a las interrupciones del servicio que pueden perturbar sus actividades de manera significativa.

Perturbaciones operativas

Las fallas informáticas pueden paralizar las operaciones de una empresa, haciendo imposibles las tareas críticas y frenando la productividad. Por ejemplo, durante la falla de AWS de 2017, muchas empresas que utilizaban los servicios en la nube de Amazon vieron que sus aplicaciones y sistemas en línea se volvían inaccesibles. Esto provocó interrupciones del servicio para plataformas de comercio electrónico, servicios de streaming y otras aplicaciones clave. Las empresas de comercio electrónico se vieron especialmente afectadas, con sitios web incapaces de procesar pedidos, lo que provocó perturbaciones en las ventas y la gestión de inventarios.

Pérdida de datos y tiempo

Las fallas en los sistemas informáticos también pueden llevar a la pérdida de datos esenciales. Los incidentes de interrupciones no planificadas o los ataques de ransomware pueden comprometer la integridad de los datos de una empresa, llevando a restauraciones complejas y a veces irrealizables de la información perdida. Durante el incidente de WannaCry, varias empresas del sector manufacturero y de servicios financieros reportaron pérdidas de datos críticos y tuvieron que movilizar recursos considerables para restaurar sus sistemas y recuperar su información. El tiempo dedicado a la recuperación de datos no solo es costoso, sino que también ralentiza las operaciones normales de la empresa.

Impacto financiero

Las fallas informáticas tienen implicaciones financieras directas e indirectas. Los costos inmediatos incluyen la movilización de equipos de soporte técnico para diagnosticar y resolver los problemas, mientras que los costos indirectos pueden incluir la pérdida de ingresos debido a la indisponibilidad de los servicios, las indemnizaciones demandadas por los clientes afectados y las pérdidas de productividad. Por ejemplo, la falla de Microsoft Azure en 2018, causada por una tormenta y un corte de energía prolongado, costó millones de dólares a muchas empresas en pérdidas de oportunidades comerciales y productividad.

Daño a la reputación

La reputación de una empresa también puede sufrir debido a fallas informáticas, especialmente si afectan a los clientes de manera visible y significativa. En el caso de la falla de Facebook en 2021, los usuarios individuales y las empresas que utilizaban las plataformas para sus actividades comerciales expresaron su frustración públicamente en las redes sociales y otros foros. La incapacidad de conectarse y utilizar los servicios durante varias horas dañó la confianza de los usuarios en la fiabilidad de la empresa. Las empresas pueden necesitar aumentar sus esfuerzos de comunicación y gestión de crisis para restaurar su imagen de marca y recuperar la confianza de los clientes después de tales interrupciones.

Influencia en la relación con los clientes

Las fallas pueden afectar la relación entre la empresa y sus clientes, especialmente si los servicios proporcionados son críticos para las operaciones de los clientes. Por ejemplo, durante la falla de Cloudflare en 2019, muchas empresas clientes tuvieron que enfrentar interrupciones en su propio servicio, lo que provocó frustración y una reducción en la satisfacción de sus propios clientes. Las expectativas en cuanto a la disponibilidad y fiabilidad de los servicios son altas, y las empresas deben ser capaces de responder rápida y eficazmente para evitar dañar las relaciones a largo plazo con sus clientes.

Cumplimiento y regulación

En algunos sectores, las fallas informáticas también pueden traer complicaciones regulatorias. Las instituciones financieras, por ejemplo, deben cumplir con regulaciones estrictas en materia de seguridad de datos y resiliencia operativa. Las fallas pueden atraer la atención de los reguladores, lo que lleva a investigaciones exhaustivas, sanciones financieras y requisitos de cumplimiento más estrictos. Una exposición prolongada a fallas también puede crear una percepción de falta de fiabilidad y una presión creciente de los reguladores para reforzar las medidas de seguridad y los planes de continuidad de los servicios.

En resumen, las consecuencias de las fallas informáticas para las empresas son considerables y variadas. Van más allá de las perturbaciones inmediatas para incluir impactos a largo plazo en la reputación, las finanzas y las relaciones con los clientes. Las empresas deben invertir en estrategias robustas de resiliencia y gestión de crisis para mitigar los efectos de las interrupciones inevitables y proteger sus operaciones e imagen de marca. Aprendiendo de los incidentes pasados, como las fallas de AWS, Microsoft Azure, Cloudflare y otros, las empresas pueden fortalecer sus infraestructuras y establecer planes de emergencia capaces de garantizar la continuidad de las actividades a pesar de los desafíos informáticos.

5.3 Efectos en los individuos

Las fallas informáticas, aunque afectan principalmente a las grandes infraestructuras y empresas, también tienen repercusiones directas y significativas en los individuos. Ya sea en su vida diaria, sus interacciones sociales o sus actividades profesionales, los individuos pueden sufrir una amplia gama de perturbaciones y molestias debido a las interrupciones de servicios tecnológicos.

Perturbaciones en la vida diaria

Las fallas informáticas pueden perturbar muchos aspectos de la vida diaria de los individuos. Por ejemplo, durante la falla de Facebook en 2021, millones de personas en todo el mundo fueron incapaces de acceder a sus cuentas de Facebook, Instagram y WhatsApp. Estas plataformas de redes sociales juegan un papel crucial en las comunicaciones personales, la organización de eventos y la conexión con amigos y familiares. La indisponibilidad de los servicios perturbó las conversaciones, el intercambio de fotos e información y la coordinación de actividades sociales, creando una frustración generalizada.

Incapacidad para acceder a servicios esenciales

Las fallas informáticas también pueden impedir que los individuos accedan a servicios esenciales. Por ejemplo, durante la falla de AWS en 2017, servicios en línea como sistemas bancarios en línea, plataformas de pago y servicios de entrega fueron interrumpidos, dificultando que los consumidores realizaran transacciones financieras, pagaran facturas o rastrearan sus pedidos. Esta incapacidad para acceder a servicios esenciales puede causar importantes inconvenientes, especialmente para aquellos que dependen en gran medida de los servicios en línea para sus necesidades diarias.

Interrupción de actividades profesionales

Para los profesionales, las fallas informáticas pueden provocar interrupciones significativas en sus actividades laborales. Los trabajadores remotos, por ejemplo, dependen a menudo de plataformas de comunicación y colaboración en línea como Slack o Microsoft Teams para coordinar sus tareas e interactuar con sus colegas. Durante una falla, su capacidad para trabajar de manera efectiva se ve comprometida, lo que puede llevar a retrasos en los proyectos, pérdidas de productividad y un aumento del estrés y la frustración. De manera similar, los freelancers y emprendedores que utilizan servicios en la nube para gestionar sus actividades pueden ser incapaces de acceder a sus archivos, procesar pedidos o comunicarse con sus clientes.

Problemas de seguridad y privacidad

Las fallas informáticas también pueden exponer a los individuos a riesgos de seguridad y privacidad. Las interrupciones de servicios pueden ser una oportunidad para que los atacantes exploten vulnerabilidades y comprometan datos personales. Por ejemplo, durante el ataque de ransomware WannaCry, muchas personas vieron sus archivos personales cifrados, con una demanda de rescate para recuperarlos. La pérdida de acceso a datos sensibles, como información financiera, documentos personales y fotos privadas, puede tener consecuencias devastadoras en la vida de los individuos.

Dependencia creciente de la tecnología

La omnipresencia de las tecnologías en los aspectos de la vida diaria significa que las fallas informáticas ponen de manifiesto nuestra creciente dependencia de estas tecnologías. La incapacidad para acceder a servicios digitales puede hacer que los individuos sean más conscientes de esta dependencia y de la vulnerabilidad asociada. Esta toma de conciencia puede llevar a un sentimiento de impotencia y frustración, especialmente cuando no hay una solución rápida disponible para restaurar los servicios.

Estrés emocional e impacto psicológico

Las fallas informáticas también pueden generar estrés emocional e impacto psicológico en los individuos. La incertidumbre sobre la duración de la falla, la incapacidad para realizar tareas importantes y la interrupción de las rutinas diarias pueden provocar ansiedad y estrés en los usuarios. Para algunas personas, especialmente aquellas que dependen de las tecnologías para su comunicación y gestión diaria, estas interrupciones pueden llevar a sentimientos de aislamiento e inquietud.

Deterioro de la confianza en los servicios digitales

Además, las fallas informáticas frecuentes o prolongadas pueden erosionar la confianza de los usuarios en los servicios digitales. Los individuos pueden volverse más escépticos sobre la fiabilidad de las plataformas en línea y los servicios en la nube, lo que les lleva a buscar alternativas o adoptar comportamientos de respaldo más cautelosos. Esta pérdida de confianza también puede afectar los hábitos de consumo y reducir la adopción de nuevas tecnologías.

En conclusión, las fallas informáticas tienen efectos profundos y variados en los individuos, perturbando sus vidas diarias, sus actividades profesionales y su interacción con los servicios digitales. La creciente dependencia de la tecnología significa que las interrupciones del servicio pueden causar inconvenientes significativos y crear estrés emocional. La perspectiva de estos impactos subraya la importancia de fortalecer la resiliencia de los sistemas tecnológicos y de implementar medidas de apoyo para los usuarios en caso de falla.

5.4 Respuestas de los gobiernos

Ante los efectos devastadores de las fallas informáticas en los servicios públicos, las empresas y los individuos, los gobiernos han tomado medidas para reforzar la seguridad y la resiliencia de las infraestructuras críticas. Las respuestas de los gobiernos a estos eventos varían, pero generalmente incluyen la implementación de regulaciones estrictas, la promoción de la cooperación internacional, el apoyo a la investigación y el desarrollo, y el fortalecimiento de las capacidades de respuesta a incidentes.

Regulaciones y legislaciones

Para prevenir las interrupciones de servicios causadas por fallas informáticas, muchos gobiernos han adoptado regulaciones y legislaciones específicas en materia de ciberseguridad y protección de infraestructuras críticas. Por ejemplo, la Unión Europea implementó la Directiva NIS (Network and Information Security) en 2016, que obliga a los Estados miembros a fortalecer la seguridad de sus redes y sistemas informáticos. Esta directiva exige a los operadores de servicios esenciales y a los proveedores de servicios digitales que implementen medidas de seguridad adecuadas y que informen de los incidentes importantes a las autoridades competentes. Las empresas deben cumplir con normas estrictas de ciberseguridad para proteger sus infraestructuras contra ataques y fallas.

De manera similar, en Estados Unidos, el Cybersecurity and Infrastructure Security Agency Act de 2018 estableció la CISA (Cybersecurity and Infrastructure Security Agency), que trabaja para fortalecer la seguridad de las infraestructuras críticas a nivel nacional. Además, regulaciones como el California Consumer Privacy Act (CCPA) establecen requisitos estrictos en materia de protección de datos personales, lo que obliga a las empresas a adoptar prácticas de seguridad más sólidas para evitar violaciones de datos.

Cooperación internacional

Los gobiernos reconocen la importancia de la cooperación internacional para combatir las amenazas mundiales de ciberseguridad. Los ciberataques y las fallas informáticas no conocen fronteras, y la colaboración transnacional es esencial para responder eficazmente a estos desafíos. Por ejemplo, el Foro Mundial sobre la Ciberseguridad (Global Forum on Cyber Expertise) reúne a gobiernos, empresas y organizaciones internacionales para intercambiar conocimientos y mejores prácticas en materia de ciberseguridad. Los acuerdos bilaterales y multilaterales también facilitan el intercambio de información sobre amenazas y respuestas a incidentes.

Los ejercicios internacionales de simulación de ciberincidentes, como la iniciativa Cyber Storm organizada por el Departamento de Seguridad Nacional de Estados Unidos, permiten probar y mejorar la coordinación entre los gobiernos y los sectores privados en caso de un ataque de gran envergadura. Estos ejercicios tienen como objetivo fortalecer la resiliencia global de las infraestructuras críticas y preparar a las partes interesadas para responder rápida y coordinadamente en caso de una falla importante.

Apoyo a la investigación y el desarrollo

Los gobiernos también invierten en investigación y desarrollo (I +D) para mejorar la seguridad y la resiliencia de los sistemas informáticos. Se destinan fondos públicos a programas de I +D que buscan desarrollar tecnologías de seguridad avanzadas, identificar nuevas amenazas y crear soluciones innovadoras para proteger las infraestructuras críticas. Por ejemplo, la Agencia Nacional de Investigación (ANR) en Francia apoya proyectos de investigación en ciberseguridad a través del programa RA-Cybersecurity, que busca fortalecer las capacidades de defensa y protección de los sistemas de información.

Se fomentan las asociaciones público-privadas para acelerar el desarrollo y la adopción de tecnologías de ciberseguridad. Al colaborar con empresas tecnológicas, startups e instituciones académicas, los gobiernos pueden aprovechar la innovación para reforzar la protección de las infraestructuras críticas. Estas colaboraciones promueven la difusión de conocimientos y tecnologías de vanguardia en el campo de la ciberseguridad.

Fortalecimiento de las capacidades de respuesta a incidentes

Los gobiernos establecen organismos especializados y unidades de ciberseguridad dedicadas para reforzar sus capacidades de respuesta a incidentes. Estas agencias trabajan en la detección y prevención de ciberamenazas, la coordinación de respuestas en caso de ataques y la recuperación tras fallas informáticas. Por ejemplo, el Centro Nacional de Ciberseguridad (NCSC) en el Reino Unido, creado en 2016, desempeña un papel crucial en la protección de infraestructuras críticas y la coordinación de respuestas a incidentes de ciberseguridad.

Se implementan iniciativas de formación y concienciación para mejorar las competencias en ciberseguridad entre los empleados de infraestructuras críticas y los responsables gubernamentales. Los programas de certificación, los talleres de formación y las campañas de sensibilización tienen como objetivo mejorar la preparación y la resiliencia frente a las fallas informáticas.

En conclusión, las respuestas de los gobiernos a las fallas informáticas implican la implementación de regulaciones estrictas, la promoción de la cooperación internacional, el apoyo a la investigación y el desarrollo y el fortalecimiento de las capacidades de respuesta a incidentes. Estas medidas buscan reforzar la seguridad y la resiliencia de las infraestructuras críticas, proteger los servicios públicos y las empresas y minimizar los impactos de las interrupciones de servicios en los individuos. La cooperación y la coordinación a nivel nacional e internacional juegan un papel central en la lucha contra las ciberamenazas y las fallas informáticas.

5.5 Estrategias de adaptación de las empresas

Las empresas deben adoptar estrategias robustas para prepararse ante las fallas informáticas inevitables y minimizar sus repercusiones en sus operaciones. Estas estrategias incluyen la implementación de medidas preventivas, la preparación para la gestión de crisis y el establecimiento de planes de recuperación. Al invertir en la resiliencia y aprender de los incidentes pasados, las empresas pueden mejorar su capacidad para enfrentar las interrupciones del servicio.

Implementación de medidas preventivas

Uno de los primeros pasos para las empresas es implementar medidas de seguridad preventivas para reducir las vulnerabilidades y prevenir las fallas potenciales. Esto incluye la actualización regular de los softwares y sistemas con los últimos parches de seguridad. Las empresas deben asegurar una gestión rigurosa de los parches para evitar que las fallas conocidas sean explotadas por atacantes. Por ejemplo, la propagación del ataque WannaCry mostró la importancia de aplicar rápidamente los parches para asegurar los sistemas contra vulnerabilidades críticas.

La implementación de firewalls avanzados y sistemas de detección y prevención de intrusiones también puede ayudar a identificar y bloquear los intentos de ataque antes de que causen daños significativos. Las empresas también deben considerar mecanismos de segmentación de redes para limitar la propagación de fallas y ataques en sus infraestructuras.

Formación y concienciación de los empleados

Otra estrategia clave es formar y concienciar a los empleados sobre las mejores prácticas en ciberseguridad. Muchas fallas informáticas son causadas por errores humanos, a menudo relacionados con la falta de conocimiento o de vigilancia en materia de seguridad. Las empresas deben organizar regularmente sesiones de formación para sus empleados, cubriendo temas como el reconocimiento de correos electrónicos de phishing, la importancia de la autenticación multifactorial y los protocolos a seguir en caso de sospecha de intrusión.

La creación de programas de concienciación continua permite mantener un alto nivel de vigilancia entre los empleados y reducir el riesgo de errores humanos. Al desarrollar una cultura de ciberseguridad, las empresas pueden fortalecer la primera línea de defensa contra las amenazas informáticas.

Planificación de la gestión de crisis

Las empresas también deben elaborar planes de gestión de crisis para estar preparadas para reaccionar rápida y eficazmente en caso de una falla informática. Estos planes deben incluir directrices claras sobre la comunicación durante la crisis, la movilización de los equipos de respuesta y los procedimientos de restauración de servicios. La creación de equipos de respuesta a incidentes dedicados, compuestos por miembros experimentados en gestión de crisis, puede facilitar la coordinación de los esfuerzos de recuperación.

Los ejercicios regulares de simulación de crisis, o table-top exercises, permiten probar estos planes e identificar los puntos débiles a mejorar. Por ejemplo, los escenarios de simulación pueden incluir fallas de sistema, ataques de ransomware o violaciones de datos. Al aprender a gestionar estas situaciones en un entorno de prueba, las empresas pueden estar mejor preparadas para reaccionar de manera coordinada y eficaz en caso de una verdadera crisis.

Planes de recuperación ante desastres

Los planes de recuperación ante desastres (PRA) son esenciales para garantizar la continuidad de las actividades después de una falla informática importante. Estos planes deben incluir estrategias de copias de seguridad regulares y seguras para proteger los datos críticos de la empresa. Las copias de seguridad deben almacenarse fuera del sitio o en entornos de almacenamiento en la nube seguros para garantizar su disponibilidad en caso de falla de los sistemas principales.

La implementación de soluciones de restauración automática y las pruebas regulares de los procesos de recuperación pueden asegurar que los datos sensibles puedan ser restaurados rápida y eficazmente. Las empresas deben evaluar sus sistemas de recuperación ante desastres para verificar que respondan a sus necesidades específicas y que puedan minimizar los tiempos de inactividad y las pérdidas de datos.

Adopción de estrategias multi-nube

Para protegerse contra las fallas de servicio de un solo proveedor de nube, las empresas pueden adoptar estrategias multi-nube. Al diversificar sus activos digitales en varios proveedores de nube, pueden reducir el riesgo de una interrupción generalizada debido a una falla de servicio específica. Por ejemplo, las empresas pueden desplegar sus aplicaciones y servicios en AWS, Azure y Google Cloud simultáneamente para asegurar una redundancia y una resiliencia aumentadas.

El uso de este enfoque también ofrece ventajas en términos de flexibilidad y optimización de costos, ya que las empresas pueden elegir los mejores servicios y ofertas de cada proveedor según sus necesidades específicas.

Monitoreo y análisis

Finalmente, las empresas deben implementar sistemas de monitoreo y análisis en tiempo real para detectar rápidamente anomalías y eventos de seguridad. Las soluciones de monitoreo avanzadas, integradas con inteligencia artificial y aprendizaje automático, pueden ayudar a identificar patrones de comportamiento inusuales y prevenir fallas antes de que ocurran.

El análisis de los registros de seguridad y de los incidentes anteriores también permite mejorar las defensas y desarrollar enfoques proactivos para mitigar los riesgos. Al aprovechar los datos y el análisis, las empresas pueden afinar constantemente sus estrategias de ciberseguridad y gestión de fallas.

En conclusión, las empresas deben adoptar estrategias robustas de adaptación para minimizar los impactos de las fallas informáticas. Al invertir en prevención, formación, gestión de crisis, planes de recuperación ante desastres, estrategias multi-nube y monitoreo, pueden fortalecer su resiliencia y asegurar la continuidad de sus operaciones frente a las interrupciones inevitables de los servicios tecnológicos. Las lecciones aprendidas de los incidentes pasados subrayan la importancia de la preparación y la vigilancia en un entorno digital en constante evolución.

CAPÍTULO 6: PREVENCIÓN DE FALLOS FUTUROS

Habiendo comprendido las graves consecuencias de las fallas informáticas, es hora de enfocarse en las medidas de prevención. Este capítulo detalla las estrategias y las mejores prácticas para entender los riesgos, fortalecer la seguridad de los sistemas, y establecer planes de continuidad de las actividades. La prevención es la clave para minimizar los riesgos y asegurar la resiliencia de las infraestructuras críticas.

6.1 Comprender los riesgos y las vulnerabilidades

Para prevenir eficazmente las fallas futuras, es esencial comenzar con una comprensión profunda de los riesgos y las vulnerabilidades a los que están expuestos los sistemas informáticos. Esta comprensión permite identificar los puntos débiles potenciales y establecer medidas adecuadas para mitigarlos. Un enfoque proactivo y bien informado es crucial para reforzar la resiliencia de las infraestructuras y garantizar la continuidad de los servicios.

Evaluación de riesgos La evaluación de riesgos es un paso fundamental para entender las vulnerabilidades. Implica un análisis detallado de los activos tecnológicos de la organización, su valor y las amenazas potenciales a las que están expuestos. Las empresas deben catalogar todos sus activos digitales, incluidos los sistemas, las aplicaciones y los datos, y evaluar su importancia para las operaciones diarias. Esta categorización permite priorizar los recursos a proteger según su criticidad.

La evaluación de riesgos también incluye la identificación de amenazas internas y externas. Las amenazas internas pueden incluir errores humanos, fallos de hardware y configuraciones incorrectas, mientras que las amenazas externas abarcan ataques cibernéticos como malware, ransomware y ataques DDoS. Un análisis de las tendencias en ciberamenazas y del historial de incidentes pasados puede proporcionar información valiosa para anticipar y prepararse para futuros ataques.

Análisis de vulnerabilidades El análisis de vulnerabilidades consiste en identificar y evaluar las fallas específicas de los sistemas informáticos susceptibles de ser explotadas por atacantes. Esto incluye la búsqueda de fallos de seguridad en el hardware, el software y las configuraciones. Las empresas deben utilizar herramientas de escaneo de vulnerabilidades para detectar las fallas conocidas en sus sistemas y aplicaciones.

Estos escaneos deben realizarse regularmente para asegurar que todas las nuevas vulnerabilidades se identifiquen y corrijan rápidamente.

Las pruebas de penetración, o pentests, son un método adicional para evaluar la seguridad de los sistemas. Estas pruebas simulan ataques reales para identificar debilidades y evaluar la eficacia de los controles de seguridad existentes. Los resultados de los pentests permiten definir prioridades para las medidas correctivas y mejorar la postura de seguridad general de la organización.

Mapeo de dependencias El mapeo de dependencias es otro paso crucial para entender los riesgos. Los sistemas informáticos modernos a menudo están interconectados, y una falla en un subsistema puede tener repercusiones en cascada sobre otras partes de la infraestructura. Al mapear las dependencias entre los diferentes sistemas, aplicaciones y servicios, las empresas pueden identificar puntos de falla potenciales y desarrollar estrategias para mitigar los impactos en caso de fallas.

Este mapeo también ayuda a resaltar las dependencias críticas con respecto a proveedores externos, como servicios en la nube y aplicaciones SaaS. Las empresas deben evaluar los riesgos relacionados con estas dependencias y asegurarse de que sus socios dispongan de medidas de seguridad y continuidad adecuadas.

Evaluación del impacto La evaluación del impacto potencial de las fallas es un paso esencial para comprender las consecuencias de las vulnerabilidades identificadas. Las empresas deben analizar los impactos financieros, operacionales y reputacionales de las interrupciones del servicio. Este análisis incluye la cuantificación de las pérdidas potenciales de ingresos, los costos de recuperación y el impacto en la satisfacción del cliente y la reputación de la empresa.

La evaluación del impacto ayuda a justificar las inversiones en medidas de prevención y resiliencia. También permite priorizar las iniciativas de seguridad según su importancia para la continuidad de las actividades y el mantenimiento de la confianza de los clientes.

Hoja de ruta para la gestión de riesgos Con base en las evaluaciones de riesgos y vulnerabilidades, las empresas deben elaborar una hoja de ruta para la gestión de riesgos. Esta hoja de ruta define las acciones específicas a emprender para mitigar las vulnerabilidades identificadas y fortalecer las medidas de seguridad. Debe incluir objetivos claros, plazos y responsabilidades para cada iniciativa de seguridad.

La hoja de ruta debe ser dinámica y adaptable para responder a nuevas amenazas y cambios en el panorama tecnológico. Las empresas deben revisar y actualizar regularmente su hoja de ruta para asegurarse de que siga alineada con los objetivos de seguridad y las necesidades operativas.

En conclusión, comprender los riesgos y las vulnerabilidades es un paso crucial para prevenir las fallas futuras y garantizar la resiliencia de los sistemas informáticos. Las evaluaciones de riesgos, los análisis de vulnerabilidades, el mapeo de dependencias y la evaluación del impacto permiten identificar puntos débiles y desarrollar estrategias adecuadas para mitigarlos. Al elaborar una hoja de ruta para la gestión de riesgos, las empresas pueden fortalecer la seguridad de sus infraestructuras y prepararse eficazmente para futuras interrupciones de servicios.

6.2 Reforzar la seguridad de los sistemas

El refuerzo de la seguridad de los sistemas informáticos es un paso crucial para prevenir las fallas futuras y proteger las infraestructuras críticas contra diversas amenazas. Las empresas deben adoptar un enfoque holístico y seguir ajustando sus prácticas y tecnologías para garantizar la protección de sus activos digitales. Aquí hay algunas estrategias clave para fortalecer la seguridad de los sistemas.

Implementación de cortafuegos y sistemas de detección de intrusiones Los cortafuegos son componentes esenciales de las infraestructuras de seguridad informática. Regulan el tráfico entrante y saliente según reglas de seguridad preestablecidas, impidiendo accesos no autorizados y protegiendo las redes contra amenazas externas. Además de los cortafuegos de red tradicionales, las empresas también deben considerar la integración de cortafuegos de aplicaciones (WAF) para proteger las aplicaciones web contra ataques específicos como las inyecciones SQL y los cross-site scripting (XSS).

Los sistemas de detección de intrusiones (IDS) y los sistemas de prevención de intrusiones (IPS) también son cruciales. Los IDS monitorean la red y los sistemas en busca de signos de actividades maliciosas y alertan a los administradores de seguridad cuando se detecta una amenaza potencial. Los IPS van más allá interviniendo automáticamente para aislar, bloquear o eliminar las amenazas detectadas. Una combinación de cortafuegos, IDS y IPS puede ofrecer una capa protectora robusta contra las intrusiones.

Uso de la autenticación multifactor (MFA) La autenticación multifactor (MFA) es un método de seguridad que refuerza la protección de las cuentas de usuario al exigir varias formas de verificación antes de permitir el acceso. Además de solicitar una contraseña, la MFA puede exigir una segunda forma de identificación, como un código enviado a un dispositivo móvil o una huella digital. Esta práctica reduce considerablemente el riesgo de accesos no autorizados, incluso si las contraseñas se ven comprometidas.

La implementación de la MFA debe ser generalizada a todos los sistemas y aplicaciones críticas. Debe integrarse en los protocolos de inicio de sesión de los usuarios finales y en los procesos de autenticación para los administradores y las cuentas privilegiadas.

Seguridad de las configuraciones de los sistemas Una configuración segura de los sistemas es indispensable para minimizar las vulnerabilidades. Esto incluye la desactivación de servicios y puertos innecesarios, la configuración de los parámetros de seguridad según las mejores prácticas, y la implementación de políticas estrictas de gestión de accesos. Las empresas deben adoptar un enfoque basado en los menores privilegios, otorgando a los usuarios únicamente las autorizaciones necesarias para realizar sus tareas.

Las configuraciones de seguridad deben verificarse y actualizarse regularmente según las nuevas vulnerabilidades y los parches de seguridad publicados por los proveedores. Las empresas pueden usar herramientas de gestión de conformidad para automatizar estas verificaciones y asegurar una configuración segura de sus sistemas en todo momento.

Actualización y parches de seguridad La actualización regular de los software y sistemas con los parches de seguridad publicados por los proveedores es esencial para protegerse contra vulnerabilidades conocidas. Las empresas deben establecer procesos automatizados para aplicar estos parches lo antes posible. El despliegue de actualizaciones debe estar precedido por fases de prueba para asegurar que no interfieran con las operaciones normales de los sistemas.

Además de los parches de software, las actualizaciones de firmware y de sistemas operativos también deben realizarse regularmente. Las empresas deben seguir los boletines de seguridad de los proveedores y las directrices de las autoridades de ciberseguridad para mantenerse informadas sobre las últimas vulnerabilidades y parches disponibles.

Cifrado de datos El cifrado de datos es crucial para proteger la información sensible contra accesos no autorizados. Las empresas deben usar técnicas de cifrado robustas para asegurar los datos en tránsito y en reposo. Los protocolos de cifrado como TLS (Transport Layer Security) deben usarse para asegurar las comunicaciones entre los sistemas y los usuarios.

Los datos críticos deben almacenarse en bases de datos y sistemas de almacenamiento cifrados. Las claves de cifrado deben gestionarse y almacenarse de manera segura para garantizar que no puedan ser comprometidas. Las empresas también deben implementar soluciones de cifrado de discos para proteger los datos en los dispositivos de los usuarios y en los dispositivos de almacenamiento externos.

Monitoreo continuo y respuesta a incidentes El monitoreo continuo de redes, sistemas y aplicaciones es esencial para detectar y responder rápidamente a amenazas potenciales. Las soluciones de gestión de información y eventos de seguridad (SIEM) permiten recopilar y analizar los registros de seguridad en tiempo real para identificar comportamientos sospechosos e incidentes de seguridad.

Las empresas también deben establecer planes detallados de respuesta a incidentes, incluyendo procedimientos para la detección, comunicación, investigación y remediación de incidentes de seguridad. Los equipos dedicados a la respuesta a incidentes deben ser formados y equipados para gestionar ataques y violaciones de datos, minimizando así los impactos de los incidentes.

En conclusión, fortalecer la seguridad de los sistemas implica una combinación de medidas preventivas y reactivas. Al implementar controles de seguridad sólidos, usar técnicas de cifrado, asegurar las configuraciones, aplicar regularmente actualizaciones y parches, y asegurar un monitoreo continuo, las empresas pueden proteger eficazmente sus infraestructuras contra amenazas y minimizar los riesgos de fallas futuras. La seguridad de los sistemas es un proceso continuo que requiere una vigilancia constante y una adaptación a las evoluciones tecnológicas.

6.3 Formación y sensibilización de los empleados

La formación y la sensibilización de los empleados juegan un papel esencial en la prevención de fallas informáticas y la protección de las infraestructuras críticas. Dado que muchas fallas e incidentes de seguridad son causados por errores humanos o comportamientos imprudentes, educar a los empleados sobre las mejores prácticas de ciberseguridad es una componente clave de cualquier estrategia de resiliencia informática.

Programas de formación continua Las empresas deben implementar programas de formación continua en ciberseguridad para todos los empleados, independientemente de su rol o nivel de responsabilidad. Estos programas deben cubrir una amplia gama de temas, incluyendo los conceptos básicos de la ciberseguridad, así como aspectos más avanzados según las necesidades específicas de la empresa. Las sesiones de formación pueden incluir módulos sobre el reconocimiento de amenazas comunes como el phishing, la gestión segura de contraseñas y las políticas de uso aceptable de los recursos informáticos.

La frecuencia y la regularidad de estas formaciones son críticas para asegurar que los empleados se mantengan informados sobre las últimas amenazas y las nuevas técnicas de seguridad. Las formaciones pueden impartirse en forma de cursos en línea, talleres presenciales, webinars y simulaciones prácticas para variar los formatos y mantener el compromiso de los participantes.

Sesiones de sensibilización sobre ciberamenazas Además de los programas de formación continua, las empresas deben organizar sesiones de sensibilización regulares para informar a los empleados sobre las últimas ciberamenazas e incidentes recientes. Estas sesiones pueden incluir presentaciones sobre las nuevas vulnerabilidades descubiertas, análisis post-mortem de incidentes de seguridad y discusiones sobre las mejores prácticas para protegerse contra estas amenazas.

Por ejemplo, casos recientes de ataques de ransomware y fallos de seguridad en sistemas conocidos pueden utilizarse para ilustrar los riesgos potenciales y las medidas de prevención. Estas sesiones permiten mantener un alto nivel de vigilancia entre los empleados y reforzar la cultura de la ciberseguridad dentro de la organización.

Simulaciones de phishing Las campañas de phishing son uno de los métodos más comunes utilizados por los ciberdelincuentes para penetrar los sistemas de una empresa. Para educar a los empleados a identificar y evitar los intentos de phishing, las empresas pueden organizar simulaciones de phishing. Estas simulaciones envían correos electrónicos falsos que imitan ataques de phishing reales a los empleados para probar su capacidad de reacción y su capacidad para detectar tales mensajes.

Los resultados de las simulaciones de phishing pueden usarse para identificar a los empleados o departamentos que necesitan formación adicional. Las empresas pueden proporcionar retroalimentación constructiva a los participantes para ayudarles a comprender las señales reveladoras de los correos electrónicos de phishing y alentarlos a reportar cualquier actividad sospechosa a su equipo de seguridad informática.

Fomento de la notificación de incidentes Las empresas deben fomentar una cultura donde los empleados se sientan cómodos reportando cualquier actividad sospechosa o potencial incidente de seguridad sin temor a represalias. Debe establecerse una comunicación clara sobre los procedimientos de notificación de incidentes, y los empleados deben saber cómo y a quién reportar tales actividades.

Ofrecer incentivos para la notificación proactiva de incidentes también puede motivar a los empleados a ser más vigilantes. Al fomentar una cultura de responsabilidad compartida, las empresas pueden detectar amenazas potenciales más rápidamente y reducir la probabilidad de que los incidentes de seguridad pasen desapercibidos.

Desarrollo de protocolos de seguridad Las empresas deben desarrollar y distribuir protocolos de seguridad claros y detallados que los empleados deben seguir en sus actividades diarias. Estos protocolos deben incluir directrices sobre la gestión de contraseñas, el uso de la autenticación multifactorial (MFA), las prácticas seguras de navegación en la web y el tratamiento seguro de datos sensibles.

Los protocolos de seguridad deben actualizarse constantemente para reflejar las últimas amenazas y las mejores prácticas de la industria. Los empleados deben ser informados sobre las actualizaciones y los cambios realizados en los protocolos, y deben organizarse sesiones de formación para asegurar que comprendan y adopten estas nuevas directrices.

Formación específica para administradores y empleados estratégicos Además de la formación general destinada a todos los empleados, las empresas deben ofrecer formación especializada para los administradores de sistemas y los empleados en roles estratégicos. Estas personas a menudo tienen acceso a información crítica y privilegios elevados del sistema, lo que los convierte en objetivos prioritarios para los atacantes.

La formación para estos grupos debe incluir temas avanzados como la gestión de acceso privilegiado, la configuración segura de sistemas, la respuesta a incidentes de seguridad y la evaluación de vulnerabilidades. Al desarrollar habilidades especializadas en estos empleados, las empresas pueden reforzar su defensa en profundidad y mejorar su capacidad para reaccionar rápida y eficazmente ante las amenazas.

En conclusión, la formación y la sensibilización de los empleados son elementos fundamentales para reforzar la seguridad de los sistemas y prevenir fallas. Al implementar programas de formación continua, sesiones de sensibilización, simulaciones de phishing y fomentar una cultura de notificación de incidentes, las empresas pueden educar a sus empleados sobre las mejores prácticas de ciberseguridad y reducir el riesgo de errores humanos que puedan llevar a fallas informáticas. Invertir en la formación en ciberseguridad contribuye a crear una infraestructura resiliente y capaz de resistir amenazas evolutivas.

6.4 Desarrollo de planes de continuidad y recuperación

Los planes de continuidad de las actividades (PCA) y de recuperación ante desastres (PRS) son esenciales para garantizar que las empresas puedan superar rápida y eficazmente las interrupciones del servicio causadas por fallas informáticas. Estos planes definen los procedimientos a seguir para mantener las operaciones esenciales, restaurar los sistemas y minimizar los impactos negativos en la empresa. Aquí están los pasos y consideraciones principales para desarrollar PCA y PRS robustos.

Identificación de procesos críticos El primer paso en el desarrollo de PCA y PRS consiste en identificar los procesos críticos para la empresa. Esto implica un análisis detallado de las operaciones de la empresa para determinar qué sistemas, aplicaciones y datos son esenciales para la continuidad de las actividades. Las empresas deben establecer prioridades según el impacto potencial de las interrupciones en los ingresos, la reputación, el cumplimiento normativo y la satisfacción del cliente.

Esta identificación permite crear una jerarquía de activos tecnológicos, facilitando así la planificación de los recursos necesarios para asegurar su disponibilidad en caso de falla.

Evaluación de las necesidades de continuidad y recuperación Una vez identificados los procesos críticos, las empresas deben evaluar sus necesidades de continuidad y recuperación. Esto incluye la determinación de los objetivos de tiempo de recuperación (RTO) y los objetivos de punto de recuperación (RPO) para cada proceso y sistema crítico. El RTO define el plazo máximo aceptable para restaurar un servicio después de una falla, mientras que el RPO determina la cantidad máxima de datos que se pueden perder, expresada en tiempo, sin afectar significativamente las operaciones.

Estos objetivos deben ser realistas y estar alineados con las capacidades técnicas de la organización. Sirven de base para el desarrollo de estrategias de recuperación y procedimientos de respaldo.

Estrategias de respaldo y restauración Las estrategias de respaldo de datos son una componente clave de los PCA y PRS. Las empresas deben implementar soluciones de respaldo regular, automatizadas y seguras para proteger los datos críticos. Los respaldos deben almacenarse en ubicaciones diversificadas, incluidos sitios fuera de línea y entornos de almacenamiento en la nube para garantizar su disponibilidad en caso de falla de los sistemas principales.

Los procedimientos de restauración de datos deben definirse claramente y probarse regularmente para asegurar que funcionen correctamente. Las empresas deben definir procesos detallados para restaurar los sistemas y las aplicaciones, priorizando los activos críticos según los RTO y RPO establecidos.

Planes de recuperación ante desastres Los planes de recuperación ante desastres detallan las acciones específicas a emprender para restaurar las operaciones después de una falla mayor. Estos planes deben incluir escenarios de diversa naturaleza, como fallas de hardware, ciberataques, desastres naturales y errores humanos. Cada escenario debe ir acompañado de un conjunto de procedimientos claros para evaluar el impacto del incidente, movilizar los equipos de respuesta y coordinar la restauración de los servicios.

Los PRS también deben definir los roles y responsabilidades de cada miembro del equipo de respuesta, incluidos los contactos de las partes interesadas internas y externas, como los proveedores de servicios en la nube, los socios tecnológicos y los reguladores. La comunicación efectiva durante una crisis es crucial para asegurar una coordinación sin fallos y minimizar los tiempos de inactividad.

Simulacros y pruebas regulares Para garantizar la eficacia de los PCA y PRS, las empresas deben organizar simulacros y pruebas regulares. Estos ejercicios permiten probar los planes en condiciones realistas, identificar las lagunas y realizar los ajustes necesarios. Las pruebas incluyen simulaciones de fallas, cambios a sitios de recuperación y restauraciones de respaldos.

Los resultados de los ejercicios y pruebas deben documentarse y analizarse para mejorar continuamente los planes. Las lecciones aprendidas deben integrarse en los procedimientos y estrategias de recuperación para fortalecer la resiliencia de la organización.

Establecimiento de sitios de recuperación El establecimiento de sitios de recuperación es otra componente esencial de los PRS. Los sitios de recuperación, ya sean físicos o virtuales, sirven como ubicaciones alternativas para alojar los sistemas y aplicaciones críticas en caso de falla del sitio principal. Estos sitios deben estar equipados con la infraestructura necesaria para respaldar las operaciones de la empresa, incluyendo hardware redundante, conexiones de red seguras y acceso a respaldos de datos.

Las empresas deben evaluar las diferentes opciones de sitios de recuperación, como centros de datos secundarios, servicios de nube pública y soluciones de recuperación como servicio (RaaS). La elección del sitio de recuperación depende de los requisitos específicos en términos de RTO y RPO, así como de consideraciones de costo y rendimiento.

Documentación y actualización de los planes Los PCA y PRS deben estar cuidadosamente documentados y actualizados regularmente para reflejar los cambios tecnológicos y organizacionales. La documentación debe incluir instrucciones detalladas para cada paso de los procedimientos de continuidad y recuperación, así como diagramas de los flujos de trabajo y listas de contactos de emergencia.

Los planes deben revisarse al menos una vez al año, o con mayor frecuencia si ocurren cambios importantes en los sistemas, procesos o infraestructura de la empresa. Las actualizaciones deben comunicarse a todas las partes interesadas pertinentes e integrarse en los programas de formación y sensibilización de los empleados.

En conclusión, el desarrollo de planes de continuidad de

las actividades y recuperación ante desastres es crucial para minimizar los impactos de las fallas informáticas en las operaciones de la empresa. Al identificar los procesos críticos, evaluar las necesidades de continuidad y recuperación, implementar estrategias de respaldo y restauración, y organizar simulacros regulares, las empresas pueden fortalecer su resiliencia y garantizar la continuidad de sus servicios incluso en caso de interrupciones mayores. La revisión y actualización continua de los planes aseguran su pertinencia y eficacia frente a las evoluciones tecnológicas y nuevas amenazas.

6.5 Innovación tecnológica
para una mejor resiliencia

La innovación tecnológica juega un papel crucial en la mejora de la resiliencia de las infraestructuras informáticas. Los avances en ciberseguridad, gestión de datos y tecnologías de recuperación permiten a las empresas fortalecer sus defensas contra las ciberamenazas y garantizar la continuidad de los servicios en caso de fallas. Aquí hay algunas de las innovaciones tecnológicas clave que contribuyen a una mejor resiliencia.

Inteligencia Artificial y Machine Learning La inteligencia artificial (IA) y el machine learning (ML) están revolucionando la manera en que las empresas detectan y responden a las ciberamenazas. Las herramientas basadas en IA y ML pueden analizar grandes cantidades de datos en tiempo real para identificar patrones de comportamiento anómalos y actividades sospechosas. Estas tecnologías permiten anticipar proactivamente las amenazas y desencadenar acciones de mitigación antes de que causen daños.

Los sistemas de detección de intrusiones y las soluciones de gestión de información y eventos de seguridad (SIEM) que integran IA y ML ofrecen una visión más precisa y rápida de las amenazas potenciales. Estas tecnologías también permiten automatizar ciertas respuestas a incidentes, reduciendo los tiempos de reacción y minimizando los impactos de los ataques.

Redes de redundancia y tolerancia a fallos Las redes de redundancia y tolerancia a fallos son elementos esenciales para garantizar la resiliencia de las infraestructuras informáticas. Las tecnologías de redes avanzadas, como las redes definidas por software (SDN), permiten crear arquitecturas de red flexibles y adaptativas. Las SDN ofrecen la posibilidad de redirigir dinámicamente el tráfico en caso de falla de un segmento de la red, manteniendo así la continuidad de los servicios.

Los arquitectos de redes también pueden usar técnicas de malla y de múltiples caminos para asegurar que los datos puedan ser encaminados a través de rutas alternativas en caso de fallas. Las redes resilientes combinan la redundancia física con capacidades de distribución de carga para mejorar la disponibilidad y el rendimiento general.

Almacenamiento y recuperación en la nube Las soluciones de almacenamiento y recuperación de datos basadas en la nube ofrecen ventajas considerables en términos de resiliencia y flexibilidad. Los proveedores de servicios en la nube ofrecen opciones de respaldo y recuperación automatizadas, permitiendo proteger los datos críticos con configuraciones de respaldo frecuentes y georedundantes. En caso de falla, las empresas pueden restaurar rápidamente sus datos a partir de copias de respaldo almacenadas en diferentes regiones geográficas.

Las arquitecturas de almacenamiento en la nube, como los sistemas de almacenamiento basados en objetos como Amazon S3 y Azure Blob Storage, ofrecen una escalabilidad y durabilidad altas. Las empresas pueden aprovechar estas tecnologías para crear entornos de almacenamiento resilientes, capaces de resistir fallas y garantizar la integridad de los datos.

Blockchain para la seguridad de las transacciones La tecnología blockchain se utiliza cada vez más para reforzar la seguridad de las transacciones y la resiliencia contra fraudes. Las blockchains ofrecen una arquitectura distribuida e inmutable que garantiza la integridad de los datos y evita alteraciones no autorizadas. Esta tecnología es particularmente ventajosa para industrias como la financiera, la logística y la cadena de suministro, donde la transparencia y la trazabilidad son cruciales.

Al usar blockchains privadas o autorizadas, las empresas pueden asegurar sus transacciones internas y crear registros inviolables de las operaciones. La resiliencia de las blockchains deriva de su naturaleza descentralizada, que dificulta que los atacantes apunten a un solo punto de falla.

Servicios de recuperación como servicio (RaaS) Los servicios de recuperación como servicio (RaaS) ofrecen una recuperación rápida y efectiva de sistemas críticos después de un incidente. Las soluciones RaaS automatizan los procesos de conmutación por error hacia entornos de respaldo seguros, utilizando la infraestructura en la nube para minimizar los tiempos de recuperación. Las empresas pueden configurar políticas de conmutación por error automatizadas para garantizar que los sistemas y aplicaciones críticas sigan disponibles, incluso en caso de fallas mayores.

Los proveedores de RaaS ofrecen servicios de monitoreo, pruebas y actualizaciones regulares para asegurarse de que los entornos de recuperación estén siempre listos para ser activados. Este enfoque externalizado permite a las empresas concentrarse en sus actividades principales mientras se benefician de las ventajas de la resiliencia y la continuidad del servicio.

Seguridad Zero Trust El modelo de seguridad Zero Trust es un enfoque que no considera implícitamente confiable a ningún usuario o dispositivo, incluso si se encuentra dentro del perímetro de la red de la empresa. Este método requiere una verificación continua de cada intento de acceso basado en la identidad de los usuarios y su nivel de autorización.

Las tecnologías que mejoran el modelo Zero Trust incluyen la autenticación multifactorial (MFA), la gestión de accesos privilegiados (PAM) y el uso de microsegmentación para aislar sistemas y aplicaciones críticas. Al adoptar una arquitectura Zero Trust, las empresas pueden reducir el riesgo de movimientos laterales de atacantes dentro de la red y limitar el impacto de las brechas de seguridad.

En conclusión, la innovación tecnológica es un factor clave para mejorar la resiliencia de las infraestructuras informáticas. Los avances en IA y ML, las redes de redundancia, el almacenamiento y la recuperación en la nube, la blockchain, los servicios RaaS y el enfoque Zero Trust son herramientas y estrategias que permiten a las empresas fortalecer su resiliencia frente a fallas y ataques informáticos. Al adoptar e integrar estas innovaciones, las empresas pueden proteger sus operaciones, garantizar la continuidad del servicio y mejorar su capacidad para superar los desafíos tecnológicos.

6.6 Colaboración e intercambio de información

La colaboración y el intercambio de información juegan un papel crucial en la prevención de fallas informáticas y la protección de las infraestructuras críticas contra las ciberamenazas. Al trabajar juntos, las empresas, los gobiernos y las organizaciones de ciberseguridad pueden reforzar la resiliencia global compartiendo conocimientos, buenas prácticas y herramientas para defenderse de los ataques. Aquí están los principales aspectos de la colaboración y el intercambio de información en el ámbito de la seguridad informática.

Asociaciones público-privadas Las asociaciones público-privadas son esenciales para reforzar la ciberseguridad a nivel nacional e internacional. Los gobiernos y las empresas deben colaborar para compartir información sobre las amenazas, desarrollar estrategias de defensa comunes y coordinar las respuestas a los incidentes. Estas asociaciones permiten aprovechar los recursos y la experiencia de cada sector para mejorar la protección de las infraestructuras críticas y los servicios esenciales.

Los centros de intercambio y análisis de información (ISAC) son ejemplos de estas asociaciones. Proporcionan una plataforma para compartir información sobre amenazas entre empresas de un mismo sector de actividad y agencias gubernamentales. Los ISAC permiten una comunicación rápida y segura de información sobre ataques en curso, vulnerabilidades descubiertas y técnicas de mitigación efectivas.

Cooperación internacional La cooperación internacional es crucial para luchar contra las ciberamenazas globales. Los ciberataques no respetan las fronteras nacionales y una respuesta efectiva requiere la colaboración entre países y organizaciones internacionales. Iniciativas como el Foro Global sobre Ciberseguridad (Global Forum on Cyber Expertise) y el Grupo de Trabajo sobre Ciberseguridad de la Organización para la Seguridad y la Cooperación en Europa (OSCE) facilitan la cooperación transnacional.

Los países también pueden firmar acuerdos bilaterales y multilaterales para compartir información sobre amenazas, técnicas de defensa y mejores prácticas. Estos acuerdos refuerzan la colaboración entre los servicios de inteligencia, las autoridades reguladoras y los equipos de respuesta a incidentes de diferentes países.

Intercambio en tiempo real de información sobre amenazas El intercambio en tiempo real de información sobre amenazas es esencial para una respuesta rápida y efectiva a los ciberataques. Las plataformas de intercambio de información automatizadas, como los sistemas de gestión de información y eventos de seguridad (SIEM) y las plataformas de intercambio de indicadores de compromiso (IOC), permiten a las organizaciones compartir rápidamente información sobre amenazas emergentes.

Estas plataformas facilitan la recopilación y análisis de datos sobre amenazas, proporcionando a las empresas inteligencia procesable para reforzar sus defensas. El intercambio en tiempo real también permite identificar rápidamente tendencias y campañas de ataques coordinados, mejorando la capacidad de reacción colectiva.

Comunidades de ciberseguridad Las comunidades de ciberseguridad, como foros, grupos de discusión y conferencias, juegan un papel importante en el intercambio de conocimientos y el refuerzo de la colaboración entre expertos en seguridad. Eventos como la conferencia Black Hat, DEF CON y los foros organizados por el International Information System Security Certification Consortium (ISC)² permiten a los profesionales de seguridad reunirse, compartir investigaciones e intercambiar ideas innovadoras.

Al participar en estas comunidades, las empresas pueden mantenerse actualizadas sobre las últimas tendencias en ciberseguridad, las nuevas vulnerabilidades descubiertas y las técnicas de defensa avanzadas. Estas interacciones también fomentan el desarrollo de redes profesionales sólidas, ofreciendo oportunidades de colaboración y apoyo mutuo.

Simulacros de crisis Los simulacros de crisis, también llamados ejercicios de mesa, son iniciativas de colaboración importantes para probar y mejorar la preparación ante incidentes de ciberseguridad. Estas simulaciones implican escenarios de crisis realistas en los que los participantes deben coordinar sus respuestas y ejecutar sus planes de respuesta a incidentes. Los ejercicios pueden incluir organizaciones de diversos sectores, así como socios gubernamentales e internacionales.

Por ejemplo, la iniciativa Cyber Storm, organizada por el Departamento de Seguridad Nacional (DHS) de los Estados Unidos, es la mayor simulación de ciberseguridad del mundo. Reúne a entidades públicas y privadas para probar su capacidad de respuesta ante ciberataques complejos y coordinados. Estos ejercicios llevan a los participantes a identificar lagunas en sus planes, mejorar su comunicación y reforzar su resiliencia ante ataques reales.

Proyectos de investigación colaborativa Los proyectos de investigación colaborativa entre instituciones académicas, empresas tecnológicas y gobiernos también contribuyen al desarrollo de soluciones avanzadas para la ciberseguridad. Las iniciativas de investigación que cuentan con financiación pública y privada exploran nuevos conceptos y tecnologías para abordar los desafíos emergentes de la ciberseguridad.

Estos proyectos permiten combinar los recursos y conocimientos de las distintas partes interesadas para crear innovaciones robustas. Por ejemplo, los programas financiados por la Unión Europea, como Horizon 2020, apoyan proyectos de investigación en ciberseguridad, involucrando a socios de la industria, universidades y centros de investigación para desarrollar soluciones innovadoras centradas en la protección de infraestructuras críticas.

En conclusión, la colaboración y el intercambio de información son esenciales para mejorar la resiliencia de las infraestructuras informáticas frente a las ciberamenazas. Las asociaciones público-privadas, la cooperación internacional, el intercambio en tiempo real de información sobre amenazas, la participación en comunidades de ciberseguridad, los simulacros de crisis y los proyectos de investigación colaborativa permiten a las organizaciones prepararse eficazmente, reforzar su seguridad y responder de manera rápida y coordinada a los incidentes. La sinergia resultante de estas colaboraciones contribuye a reforzar colectivamente la ciberseguridad y a proteger las infraestructuras críticas en un entorno cada vez más interconectado.

CAPÍTULO 7: EL INCIDENTE MICROSOFT-CROWDSTRIKE (JULIO 2024)

Para concluir nuestra exploración de las fallas informáticas, examinamos un incidente reciente y relevante: la falla de julio de 2024 que involucró a Microsoft y CrowdStrike. Este evento nos permite ver cómo se aplican los principios de prevención y respuesta a incidentes, discutidos en los capítulos anteriores, en un contexto reciente.

7.1 Descripción sucinta del incidente

Origen del incidente El 19 de julio de 2024, una actualización defectuosa del software antivirus de CrowdStrike provocó una falla mundial que afectó a muchos servicios de Microsoft. La actualización introdujo una corrupción en el archivo "csagent.sys", un componente clave del software de seguridad. Esta falla condujo a interrupciones importantes en los sistemas protegidos por CrowdStrike, impactando notablemente los servicios de Microsoft Office 365.

Inicio de la falla Los primeros signos de la falla se informaron temprano en la mañana del 19 de julio, cuando los usuarios comenzaron a tener problemas para acceder a varias aplicaciones de Microsoft. La causa inicial se identificó rápidamente como relacionada con una actualización defectuosa de CrowdStrike, desplegada poco antes del inicio de las interrupciones. La actualización corrupta provocó fallos del sistema, errores críticos y pantallas azules (BSOD), impidiendo que las computadoras arrancaran correctamente.

Naturaleza del problema El archivo "csagent.sys" de CrowdStrike, esencial para el buen funcionamiento del software de ciberseguridad, se corrompió debido a una actualización. Esta corrupción provocó conflictos con los sistemas operativos Windows, causando fallos y errores críticos. La naturaleza del problema residía en la incompatibilidad introducida por la actualización defectuosa, afectando la estabilidad de los sistemas e impidiendo que los usuarios accedieran a sus servicios habituales. Los ingenieros de Microsoft y CrowdStrike tuvieron que colaborar estrechamente para diagnosticar y aislar la fuente de la falla.

Soluciones temporales Para mitigar los efectos de esta falla, Microsoft aconsejó a los usuarios iniciar sus computadoras en modo seguro para eliminar manualmente el archivo "csagent.sys". Esta solución temporal tenía como objetivo restaurar el acceso a los sistemas afectados evitando el componente corrupto.

Paralelamente, CrowdStrike trabajó en el despliegue de un parche para resolver el problema de manera definitiva. Los esfuerzos conjuntos de Microsoft y CrowdStrike permitieron restaurar progresivamente los servicios afectados y minimizar las perturbaciones para los usuarios y las empresas.

Soluciones definitivas CrowdStrike finalmente anunció haber identificado y desplegado un parche para resolver la falla informática mayor que había afectado sus servicios. La falla, que perturbó a muchos usuarios, fue causada por un problema técnico identificado por el equipo de CrowdStrike. La empresa de ciberseguridad aseguró que sus sistemas estaban ahora estabilizados y plenamente operativos, minimizando los riesgos de repercusiones a largo plazo para sus clientes.

7.2 Propagación e impacto inicial

Servicios afectados La falla mundial afectó varios servicios críticos de Microsoft, incluyendo Office 365, Azure y los servicios en la nube asociados. Los usuarios encontraron dificultades para acceder a sus correos electrónicos, documentos y otras aplicaciones de productividad. Las empresas e instituciones dependientes de estos servicios sufrieron interrupciones significativas, perturbando sus operaciones diarias.

Repercusiones en los usuarios y las empresas Los impactos fueron especialmente severos en los sectores de finanzas, transporte y medios de comunicación. Aeropuertos como los de Sídney, Berlín y Madrid informaron de importantes perturbaciones, provocando retrasos y cancelaciones de vuelos. Las aerolíneas como Air France y Delta Airlines se vieron obligadas a gestionar problemas informáticos en cascada. En Estados Unidos, el sistema de llamadas de emergencia 911 estuvo temporalmente inaccesible, mientras que en Australia, varios bancos, incluyendo el Commonwealth Bank, encontraron dificultades para realizar transferencias de dinero. Supermercados como Woolworths también se vieron afectados, con cajas de autoservicio fuera de servicio, creando largas filas y frustración en los clientes.

En Europa, los servicios de telecomunicaciones se vieron afectados, con problemas reportados en operadores como Orange y cadenas de televisión como TF1, CNEWS y RTL, donde las emisiones se vieron perturbadas por problemas técnicos. La situación se agravó debido a la necesidad de que los administradores del sistema eliminaran manualmente el archivo defectuoso "csagent.sys", un proceso largo y complejo para las empresas con infraestructuras de TI extensas. En Francia, aunque los aeropuertos de Orly y Roissy no se vieron directamente afectados, sufrieron retrasos debido a las perturbaciones encontradas por las aerolíneas. La Bolsa de París también registró una ligera caída, ya que los inversores se preocuparon por las repercusiones económicas de la falla.

Impacto económico y reacción de las empresas Las repercusiones económicas fueron inmediatas, con una caída de la acción de CrowdStrike de casi un 17% y una disminución del 2,5% para Microsoft antes de la apertura de Wall Street. La gestión de crisis por parte de ambas empresas fue criticada por su lentitud inicial, aunque se implementaron rápidamente esfuerzos de comunicación y medidas correctivas para estabilizar la situación.

Este incidente destacó la creciente dependencia de las infraestructuras críticas de las soluciones de ciberseguridad y puso de relieve la necesidad de una mayor resiliencia frente a las fallas del sistema. Las empresas se vieron obligadas a reevaluar sus estrategias de gestión de riesgos y continuidad del negocio para prepararse mejor para futuras perturbaciones.

7.3 Consecuencias

Impacto a corto plazo El incidente provocó de inmediato una perturbación masiva de las operaciones diarias para millones de usuarios y empresas en todo el mundo. Las organizaciones dependientes de los servicios de Microsoft enfrentaron interrupciones de servicio prolongadas, afectando la productividad y los ingresos. Los retrasos y cancelaciones de vuelos, los problemas bancarios y las interrupciones de servicios televisivos generaron una frustración generalizada entre los clientes y usuarios finales.

Respuesta de las empresas Microsoft y CrowdStrike se vieron obligados a reaccionar rápidamente para limitar los daños. Se desplegaron parches para resolver el problema y se emitieron recomendaciones para que los usuarios reiniciaran sus sistemas en modo seguro para eliminar el archivo corrupto. Esta situación puso de relieve la necesidad de que las empresas dispongan de planes de continuidad del negocio robustos para enfrentar tales crisis.

Impacto en la reputación y la confianza La reputación de CrowdStrike se vio gravemente afectada, con una caída significativa en su valor de mercado. Microsoft también sufrió una pérdida de confianza por parte de sus usuarios, aunque la empresa pudo mitigar parte de los daños al reaccionar rápidamente y comunicar eficazmente las medidas tomadas para resolver el problema. Este incidente subrayó la importancia crucial de la fiabilidad y seguridad de las actualizaciones de software.

Implicaciones para la ciberseguridad El incidente planteó cuestiones importantes sobre la gestión de actualizaciones de seguridad y la resiliencia de las infraestructuras críticas. Las empresas se vieron impulsadas a revisar sus estrategias de gestión de riesgos y a reforzar sus protocolos de verificación antes del despliegue de actualizaciones críticas. También puso de relieve la necesidad de una estrecha colaboración entre los proveedores de servicios de ciberseguridad y sus clientes para asegurar una respuesta rápida y efectiva a los incidentes.

Lecciones aprendidas Este incidente sirvió como un recordatorio brutal de las vulnerabilidades inherentes a las infraestructuras tecnológicas modernas. Las empresas aprendieron la importancia de la redundancia y la preparación para incidentes. Los usuarios también tomaron conciencia de la necesidad de seguir las mejores prácticas en seguridad informática para minimizar los riesgos asociados a las actualizaciones de software.

En conclusión, el incidente Microsoft-CrowdStrike de julio de 2024 tuvo profundas consecuencias para las empresas y los usuarios, destacando la necesidad de una mayor vigilancia y preparación continua frente a las amenazas y fallas potenciales en el ámbito de la ciberseguridad.

CONCLUSIÓN

Las fallas informáticas, ya sean causadas por errores humanos, fallas técnicas o ataques maliciosos, tienen consecuencias profundas en nuestra sociedad moderna. Afectan a los servicios públicos, las empresas y los individuos, revelando la creciente dependencia de los sistemas tecnológicos en todos los aspectos de la vida cotidiana. A través de estudios de casos como el ataque WannaCry, la falla de AWS, y los incidentes que afectaron a Google Cloud, Facebook, Microsoft Azure y Cloudflare, hemos visto cómo estas fallas pueden paralizar las operaciones, comprometer la seguridad y causar pérdidas financieras considerables.

Para enfrentar estos desafíos, es vital desarrollar estrategias de resiliencia que incluyan la comprensión de los riesgos y vulnerabilidades, el fortalecimiento de la seguridad de los sistemas, la formación y concienciación de los empleados, y la implementación de planes de continuidad y recuperación ante desastres. Los avances tecnológicos como la inteligencia artificial, las redes de redundancia, las soluciones en la nube y la blockchain ofrecen herramientas poderosas para proteger las infraestructuras críticas y mejorar la resiliencia.

Además, la colaboración y el intercambio de información son esenciales para fortalecer la ciberseguridad a una escala global. Las asociaciones público-privadas, la cooperación internacional, los ejercicios de simulación de crisis y los proyectos de investigación colaborativos permiten desarrollar estrategias comunes y reaccionar rápida y eficazmente ante las amenazas emergentes.

La resiliencia informática solo puede alcanzarse a través de una combinación de medidas proactivas y reactivas. Invirtiendo en la prevención, preparando planes robustos de gestión de crisis y recuperación, y adoptando las innovaciones tecnológicas, las empresas y los gobiernos pueden asegurarse de que los sistemas críticos permanezcan operativos incluso en caso de una interrupción mayor. La ciberseguridad es un campo en constante evolución, y es crucial mantenerse vigilante y seguir adaptándose frente a las nuevas amenazas.

Este libro ha ilustrado la importancia de preparar nuestro mundo conectado para los desafíos informáticos actuales y futuros. Al fortalecer la seguridad y la resiliencia de nuestros sistemas, podemos proteger nuestra sociedad contra las consecuencias devastadoras de las fallas informáticas y garantizar la continuidad de los servicios esenciales de los que dependemos diariamente.